お菓子のかがく

ぐっとおいしくする、感じる力!

津田陽子

文化出版局

目次

はじめに　7

かがくを感じながら、お菓子作りを！　8

ふんわりフロール
粉を究極に減らして「卵の力」でふんわり感を実現。

矢羽根のフロール　9
卵の濃い味わいのスフレ生地にこくのあるガナッシュクリームが絶妙のバランス。
矢羽根模様が華を添えます。

抹茶のフロール　10
緑のベルベットを思わせるつややかな内巻き生地は、丁寧な泡立てのたまもの。
あんを忍ばせる楽しいアレンジの一本。

バターシフォンケーキ　11
ふわっふわの焼上りを取り出すと、バターの香りが立ち込めます。
ざっくりと割って思わずほおばりたくなる！

しっとり ケイク

しっとりなめらかな
生地の要は、
バターの変化。

ミモザ　12
輝くばかりの黄金色の内側は驚きのしっとり感。
バターたっぷりでも重くない秘密は、素材のつなぎ方です。

チョコマーブルのケーキ　13
シンプルなケーキにチョコの模様で遊び心を。
切り分けるとき、どんな表情が現われるかはそのときどきのお楽しみです。

塩キャラメルのキャトルカール　14
こっくりと香ばしいキャトルカールは、グラサージュと塩のアクセントで、
不思議と甘ったるさを感じません。

ラムレーズンのマドレーヌ　15
かわいらしいその姿に似合わず、ふわりとラム酒が香る大人のマドレーヌ。
とかしバターの風味も生きています。

さっくり タルト

タルトはしっかり
焼ききる、が身上。

田舎風りんごのタルト　16
さくさくほろほろのクランブルの凹凸が味。
かじるとシナモンの香りを淡いりんごの酸味が追いかけてきます。

おばあちゃまのタルト　16
ドライフルーツとナッツで華やかに飾ります。
生地とクリーム、たくさんの具材がハーモニーを奏でる楽しい一台に。

パート1　お菓子作りで大切に思うこと　17

パート2　レシピの組立てと考え方　33

ふんわりフロール

しっとりケイク

さっくりタルト

★使用している計量の単位は、大さじ1＝15㎖、小さじ1＝5㎖です。
★バター、発酵バターはすべて無塩バター（食塩不使用）、卵は65g前後のL玉を使用します。
★オーブンは指定の温度に温めておきます。表示温度と焼上り時間は機種によって多少の違いがあるので、目安としてください。

はじめに

お菓子作りには、でき上りを左右するタイミングやコツがあります。これまでレシピ本ではそのポイントを書いてきました。長年お菓子を作ってきた中で感じたのは、メニューを超えて、そうした変化のポイントには一定の法則があるということです。感じる〝お菓子のかがく〟として、そのことを皆さんにお伝えしたいのです。お菓子には「科学」と「化学」の両方が詰まっているから、ひらがなで「かがく」。つかめば、誰もが自分のレシピを作れます。お菓子作りへの興味を膨らませ、とびきりのおいしさで食べた人を笑顔にする、宇宙一「幸せなお菓子」を作りましょう。

そして、〝進化するあなた〟を信じましょう。昨日より今日は、もっといいものが作れる！　昨日作ったものから気づきや学びがあれば、今日はそれが生かされて、きっとよりよいものが作れるはずです。でき上がった後、うまくいかなくても「なぜ？」と考え、工夫を重ねてください。つまずきや失敗なくして進化は生まれませんし、得られるものがたくさんあります。この本では、そうした壁にぶつかった時のヒント、その理由と解決法などを紹介します。

かがくを
感じながら、
お菓子作りを！

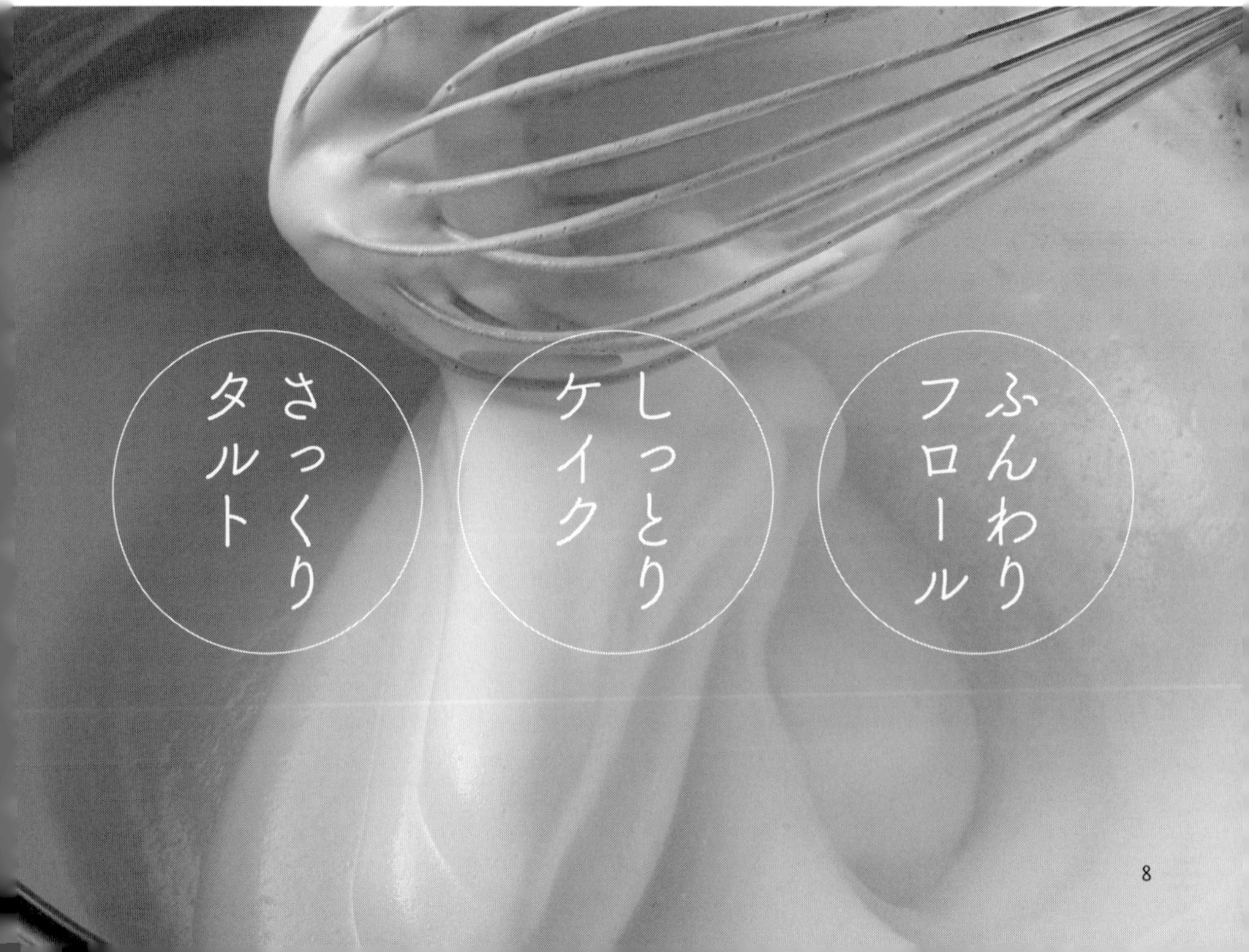

ふんわりフロール

矢羽根のフロール

抹茶のフロール

バターシフォンケーキ

しっとりケイク

ミモザ

チョコマーブルのケーキ

塩キャラメルのキャトルカール

ラムレーズンのマドレーヌ

田舎風りんごのタルト

さっくり
タルト

おばあちゃまのタルト

パート1
お菓子作りで大切に思うこと

宇宙一「幸せなお菓子」を

卵、砂糖、小麦粉、バターの四つの材料すべてを同量で作る、究極にシンプルなレシピが「キャトルカール」。フランス語で〝4分の4〟を意味し、イギリスの量の単位・パウンドから英語では「パウンドケーキ」と呼ばれる、お菓子の世界の基本レシピです。フランス人はこの二つを厳密には分けていて、とかしバターで作る「キャトルカール」、泡立てたり練ったバターで作る「(パウンド)ケーキ」と呼んでいます。作る人によってうんと差が出る、宇宙一おいしくも、まずくもなるお菓子です。作り方によって個性が出るところがおもしろさでしょう。掘り下げて考えるとお菓子作りの基本が詰まっているので、このレシピからあらゆるアレンジが広がります。最初に挙げた四つの素材の持つ力を理解し、一つ一つの材料をあなたがどうつなげていくか。わずかな変化も感じ取りながら作ると、驚くような「幸せなお菓子」になります。

素材と素材、人と人。つなぐことの難しさは、どちらも同じように一筋縄ではいきません。素材は人と同じく、隣どうしに並べただけではつながりません。しかし、工夫次第でつややかに、なめらかにつなげることができます。それを見つけることは、簡単ではないのですけれど。つながるものには「つや」があります。なめらかで張りがあって美しい。表面から出るしっとりとした光、そのつやは、お菓子作りの中では、例えば、乳化した卵黄、砂糖が溶け込んだメレンゲ、小麦粉がきれいに混ざった生地、熱を加えてやわらかくしたバターに見ることができます。つややかな生地作りで重要なのは、感じて分かること。当り前のことを〝分かる〟こと。「温かい」「熱い」を数字ではなく、その状態を意識しながら作り上げるお菓子は、きっと「人を幸せにするお菓子」になると思います。

　オーブンに入れてからも、生地の状態をわくわくしながら想像してみてください。四つの素材が、それぞれ力を出してかみ合っていく様子を、その変化に思いをはせてみて。二つだけつながっているのか、三つまでつながったのか、四つすべてが上手につながったかしら……。今日の振返りは、未来の工夫につながりますよ。

四つの素材「特徴と力」

卵……

卵の特徴は凝固性、乳化性、起泡性です。

焼き菓子作りでは、特に卵黄の凝固性と乳化性、卵白の凝固性と起泡性を利用し、それぞれ異なる性質（乳化性と起泡性）を生かし合うことで、よりよいお菓子が作れます。卵白は水分がほとんどで、卵黄は油のしずくがいっぱい集まってできているようなものです。つまり、一つの殻の中に水と油が同居しているわけです。殻の中では卵白に守られていた卵黄が、お菓子を作るときには泡立てることで〝卵黄が卵白にお返しする〟ように私はいつも思えます。

卵黄が持つレシチンという成分は、水分も油分も引き寄せる力を持っています。つややかなクリーム状に泡立てることで、そのレシチンが卵黄の水分と油分を乳化させ、強固な結束力を持つのです。一方、泡立てた卵白は時間がたつと離水しようとしますが、そこに強固な結束力を持った卵黄を加えることで、泡が安定します。特にフロールを作る工程では、卵の特徴が出るふんわりした食感は、この卵黄と卵白の補完し合う関係性を生かすことで実現しています。

砂糖……

私は砂糖を甘みではなく、つなぐ材料としてとらえています。甘いお菓子を作るためではなく、泡を安定させたり、次に加える材料を結びつけるための誘導役。お菓子作りになくてはならないものなのです。

フロールの生地を作る際に、まず上白糖を卵白に溶かしてから泡立てはじめると、メレンゲの泡が安定し、他の材料をスムーズに受け入れられ、素材どうしがつながりやすくなります。結果、ふんわりの中にしっとりが同居する、心地よいスフレ生地ができ上がります。メレンゲを作るときは、グラニュー糖のように結晶化した砂糖は水分に溶けにくく、上白糖、三温糖、黒糖などのように水分に溶けやすい砂糖のほうが、つなぐ力が強く安定したメレンゲになります。また、焼いているときのあのおいしそうな香りは、焦げやすい性質を持った上白糖ならではで、ほかの砂糖にはないものです。

バターを泡立てて作るパウンドケーキは、粒子の細かい粉糖を加えながら泡立てると、空気の層がたくさんでき、たっぷりの卵を四方八方から受け入れやすくなります。小麦粉を加える前のバターがつややかにつながるための大切なプロセスです。

砂糖の甘みは、湿度の高い夏や雨降りの日は強調されるのですが、空気が乾燥する冬や、からっと晴れた日には、さほど強くは感じないものです。

卵、砂糖、小麦粉、バターはお菓子作りには欠かせないものですが、これがなければお菓子にならないという材料は、砂糖だけかもしれません。究極のところ、卵、粉、バターのうちどれか一つが欠けてもお菓子は作れます。しかし、お菓子の本質ともいえる甘さを出す点と材料をつなぐという意味から、私にとって砂糖はなくてはならない存在なのです。

小麦粉……

小麦粉は、そのまま口にしても決しておいしいとはいえないのですが、お菓子の形を作るのに必要で大切な素材です。卵、砂糖、小麦粉、バターをそのまま天板に並べてオーブンの中で焼くと、目に見えてよく分かります。砂糖とバターは熱で溶けて消えてしまいますが、卵と小麦粉は存在を残します。特に小麦粉は、焼く前と変わらず、さらさらの粉そのままの形を残しています。つまり小麦粉はお菓子作りにおいては、骨組みとなる存在なのです。

また、小麦粉を語るうえで忘れてはならないのが、グルテンの存在です。水分と出合うことで、また扱い次第で、よいグルテンにも、よくないグルテンにもなります。パウンドケーキを作る工程で、卵とバターがよくつながっていないところに、粉を入れて練り混ぜると、必要以上にグルテンが出てしまい、重い生地になります。ベーキングパウダーはその重い部分を集中的に押し上げようとし、結果焼き上がったお菓子は時間の経過とともにぱさつくものになってしまうのです。卵とバターがつややかにつながったら、粉を加えてしっかり混ぜる。ぷるんとした生地を感じられれば、しっとりのど越しのよい生地に焼き上がるはずです。よいグルテン（引っ張り合う力）は出さないように注意しましょう。それは、水分の加減とあなたの手の動きで決まるのです。

粉が主役のお菓子といえば、ショートブレッドが浮かびますが、元々は卵を入れないレシピが一般的。それは卵の水分を粉に強く影響させないためです。強いグルテンを出さないので、シャリシャリ、ほろほろとした食感が出せるのです。私はパート・シュクレで作るサブレやクッキーで、つなぎ材料として少しの卵を加えますが、この場合もグルテンはぎりぎりしか出さないようにしています。風味もアップし、卵の水分がさっくり感をより際立たせます。

バター……

バターは１００パーセント動物性の油脂です。植物性の油脂に10～50パーセント程度のバターを添加したコンパウンドマーガリンを使うこともあります。

植物性の油脂は、ドレッシングを振ると細かい空気がたっぷり入ることからも分かるように、攪拌すると空気を抱き込む力があります。空気を抱き込みたい場合は、粘り気の強い純正のバターより、コンパウンドマーガリンを利用すると無理なく作りやすくなるでしょう。

お菓子作りでは、バターをとかして加える方法と、ポマード状にして泡立てる方法があります。とかして使う場合は、純正のとびっきりおいしいバターを使ってください。例えば、とかしバターで作るキャトルカールは、液状にしたバターをたっぷり使いますので、粉がバターの脂分を吸ってしまわないよう、粉とバターをそれぞれ2回に分けて、順にきちんと混ぜてから加えるようにすると、たっぷりのバターを使うにもかかわらず、脂っぽくない、しっとりとつながったお菓子に焼き上がります。

一方、ポマード状にして泡立てて作るパウンドケーキは、純正バターでも粘りは出ますが、泡立てることはできます。しかし、コンパウンドマーガリンを泡立てるとたっぷりの空気が入りやすく、卵がその量を超えても分離せずに四方八方から受け入れることができます。さらに卵を湯せんで温めるとバターがゆるむため、油脂分が分離することなく、つややかにつながるのです。

夢のお菓子とは、「水分の卵」と「油脂分のバター」がつながることでかないます。いちばんわがままでおいしいバターを生かし、ほかの素材を工夫してバターに歩み寄らせるのです。

テクニック「おいしいお菓子を作るために」

手で持つ道具は、あなたの手の代りです。持ち方ひとつで素材を生かすことも、駄目にすることもあります。へらは指をそろえたてのひらの代りです。生地を混ぜるとき、てのひらにのせるように、練るときはてのひらで生地を押さえつけるように意識しましょう。泡立て器は、指を開いて泡を立てるようにした手の代りであることを意識すると、見えない生地の様子が想像できて、効果的な混ぜ方が自然と分かってきます。

左右の手を同時に動かすことの大切さも忘れないでください。素材と素材をつなぐとき、利き手ばかりを使わないで、もう片方の手が利き手を導くように、また利き手をサポートするように動かしてください。左右の手をバランスよく同時に動かすことが大切です。両手を同時に動かすことで無駄な体と素材の動きがなくなり、すなわち素材にストレスをかけない混ぜ方ができます。

よく「肩の力を抜く」と言いますが、お菓子作りで道具を持つときは、指先に神経を集中させるように心がけるとうまくいき、肩の力も抜けてきます。反対にてのひらで握ると下方に力が入ってしまい、肩にも力が入ってしまいます。

最後に、少し先を見つめること。お菓子作りはかがく変化のたまものです。素材の状態は刻々と変化するので、急に止めたり、戻したりはできません。お菓子作りで先を見るということは、2ステップ、3ステップ先を予測することです。すると、今すべきことがおのずと分かってきます。

お菓子作りは人間関係に通じる

見られる意識と見せる意識を持ちましょう。周りを観察しながらも「自分が見られる」意識を持つことで動きが美しく磨かれ、効率的になっていきます。無駄な動作がなく、軽やかにお菓子を作る人の周りには、いつも人が集まってきます。

物事は決めつけないで、分別のある人になることです。一般的と思い込んだ尺度で判断しないこと。物事を自分の心の尺度で測ることができるようになれば、自身で感じることも増え、素材の特徴も理解でき、お菓子作りに適した環境（温度や湿度）作りが分かってきます。これは思いやりに通じ、自然と人に対しての優しさも生まれます。

そして、知ったことは教えることで身についていきます。自分が気づいたことを身近な人に伝えたり、口に出して教えると、自らを省みる時間も生まれ、自分の短所や長所にも気づくことができるはずです。人は言われないと、間違いに気づかないことが多いものです。お菓子作りにおいても同じで、素材の特徴も作り方も人に教えることで復習以上の成果が得られます。

水の泡とは、努力、苦心が無駄になることとしてあきらめの言葉になっていますが、お菓子作りにおいては、何か工夫があれば水の泡にはなりません。バターと卵は砂糖を入れることでつながる。また卵を温めることでバターがゆるやかになり、つやつやかにつながる。感じるかがくを知って、こうした工夫をどんどん取り入れてください。

卵、砂糖、小麦粉、バター。基本となる四つの素材、そのものの味は？　砂糖とバターはおいしいけれど、卵と、特に小麦粉はおいしいとは言えないのではないでしょうか。しかし、オーブンに入れて熱を加えると、砂糖とバターは形が崩れてなくなるけれども、卵と小麦粉は形を残します。おいしい素材ははかなく消え、おいしくない素材ほど美しい形を作ってくれます。おいしい素材だけでは成り立たず、おいしくない素材があってこそのお菓子なのです。

メレンゲの考え方

空気をたっぷり含んだメレンゲは、重くなる生地を支えて軽やかな食感にしたり、生地全体を安定させたり、食べたときに心地よさを与える存在です。私にとってメレンゲのふわふわとした優しい感じは、気持ちがくじけたとき心の支えになってくれる癒しの存在でもあります。

メレンゲで作る最高に癒されるお菓子といえば、バターシフォンケーキでしょう。ふわふわでしっとり、焼き上がった生地を手で割ると、おいしいバターの香りが漂い、心も体も癒されます。また、ガトー・ショコラに不可欠なメレンゲは、油脂が多く含まれた素材の中に入ると全体を支え、粉類を受け入れやすくしてくれます。メレンゲの力を充分に生かせると、ガトー・ショコラもふんわり、しっとり焼き上がります。

メレンゲは泡立て続ける限り離水（分離）することはありませんが、泡立ての手を止めた瞬間から離水しはじめます。2回に分けてメレンゲを生地に加える場合、最初に加えるメレンゲは次の粉を受け入れやすくするための支えの役割があり、2回目に加えるメレンゲはふんわり焼き上げるためのものです。離水が始まっているメレンゲは、加える直前にもう一度泡立て器で混ぜることで、つやもふんわり感も戻ります。

メレンゲは泡立て方と砂糖を入れるタイミングで、お菓子の個性を変えることができます。私のレシピでは、卵白に対して砂糖の量が半分か同量かを、望む食感を意識して作り、使い分けるようにしています。例えば、フロールは卵白に対して半分量の砂糖全部を最初に加え、溶かしてから泡立てはじめますが、同じような配合のシフォンケーキとは、砂糖を入れるタイミングも泡立て方も違います。フロールは、水分を残したしっとり感を保つ生地にしたいためにそうします。一方、シフォンケーキやメレンゲで作るキャトルカールのようにふんわりの中にも弾力あるメレンゲが主役のお菓子は、細かい泡が密集した強い状態を作りたいので、ハンドミキサーを使って、ボウルの中で泡立て器の回転数を増やして泡をたくさん作ります。さらに砂糖を加えるタイミングは、たっぷりの泡ができた後から2回に分けて加えます。同じ作り方でもシフォンケーキは、卵白に対して砂糖の量は半分ですが、粉の多いキャトルカールは同量で、泡を支えます。

たっぷりの砂糖が溶け込んで安定したメレンゲは、バターや粉がたくさん入るお菓子にとって、より強い支えとなります。細かい泡をたっぷりの砂糖でつなぎ、安定させたうえで最後までその力を発揮するのです。メレンゲのことを考えていると、いろいろな食感のお菓子が頭に浮かんできて、「今日はこんな食感のお菓子を作ろう」と、これまで以上に楽しめるでしょう。

パート2
レシピの組立てと考え方

ふんわりフロール

失敗から生まれたレシピ

フランス菓子の生地とクリームのバランスのよさは感動的。しかし、ぱさっとした食感の生地にシロップを打つというのは納得がいきませんでした。私が作るなら、スフレのようなふんわりした焼上りで、バターが香るしっとりとした食感……。そんな生地をイメージしていました。私なりのお菓子を作ろうと、こうして試行錯誤していた中で生まれたのがフロールです。

ある日、焼き上がったばかりのシフォンケーキを型から取り出そうとしたところ、落としてぺしゃんこになってしまいました。シュワーッという音がかすかに聞こえるほど水分の多い生地を一口ちぎって食べてみると、驚きの食感だったのです。まさに求める生地そのもの。空気と水分が渾然一体となったようなのど越しは理想的でした。シフォンケーキとしては失敗作でしたが、それから、さまざまに工夫したり、変化を確認したり。温度や湿度がお菓子作りに及ぼす影響や、卵の不思議と可能性への気づきにたくさん出合いました。このつまずきがフロール誕生への第一歩で、実験によってレシピを探るきっかけとなった、私の原点でもあります。

キャトルカールの配合に戻る

お菓子の世界の基本は、キャトルカールのレシピです。家庭にある身近な四つの材料、卵・砂糖・小麦粉・バターだけを使い、すべて同量で作ります。これをベースに多くのお菓子は、各材料をもっと足したり、引いたり、入れ替えたりのアレンジです。

まず考えたのは、感覚的においしいバターや卵、砂糖はできるだけ入れたい。粉は特においしいものでもないので、形を保つことさえできれば、できるだけ増やしたくないということでした。早速、うちに常備しているのが上白糖だったので、まずは上白糖から試しました。もちろんその後グラニュー糖でもやってみるのですが、上白糖のほうが香りも味もいいことを確認しました。一度、粉を入れ忘れたときもありました。膨らんだスフレは、モンサンミッシェルのオムレツのように、オーブンから取り出したときはふわ〜っと膨らんで、瞬く間にしぼんでいきました。こうして、足したり引いたりしながら、冒険的なレシピ「粉をぎりぎり少なくして、卵の力で押し上げて形を作る」、今のレシピにたどり着いたのです。

ロールケーキだからこそ

フォークとかナイフではなく、この生地はロールケーキに仕上げて、手でつまんで触れて感じてほしいなと思いました。スフレ生地だからこその、シロップいらず。巻いてもこの生地は割れません。クリームも巻きやすさが大切で、ある程度しっかりしたかたさがあれば、美しく巻くことができます。すると生クリームをよく泡立てる必要があるのですが、それではぼそぼそとした食感になってしまいます。あくまで口どけのよいクリームでなくてはいけないのです。そうした問題をクリアして行き着いたのが、ガナッシュクリームです。巻きやすさだけでなく、生クリーム以上にこくもアップすることができました。

フロールを作るときの最初のポイントは、卵黄の乳化です。泡立て器を動かして起こる結束力によって、絡んでいく感じをイメージしてください。この乳化させた卵黄が、後に作るメレンゲを包み込む形です。さて、そのメレンゲ。卵白の泡立てぐあいは、「とろとふわの間」。ふわっと感がとろっと感より強い、ややしっかりしたくらいがベストです。次に粉を加えますが、水分に対して非常に量が少ないためかたまりになりやすいので、均一に混ぜることが大切です。まずは内から外へ粉をはじき、一か所に固まらないよう生地全体に広げます。なじんだら、てのひらで混ぜるイメージで泡をつぶさず、丁寧に混ぜます。熱々のとかしバターを入れたら、冷めていかないうちに手早くきちんと混ぜてオーブンへ。たちまちいい香りが部屋中に漂ってきますよ！　京都でおせんべいと言えば、「甘いおせんべい」がすぐに思い浮かぶのですが、フロールが焼ける香りは、この甘いおせんべいを焼いているような匂いだな、と私はいつも思います。そして四つの別々だった素材が、一つのお菓子になっていることを感じるのです。

ふんわりフロール

ふんわりフロール

さあ、作りましょう！

矢羽根のフロール（外巻き）
抹茶のフロール（内巻き）

粉を究極に減らして
「卵の力」で
世にも優しいふんわり感を実現。
しなやかな生地は
巻いても割れません。

矢羽根のフロール（23cmのロールケーキ　1本分）

ふんわりフロール

★ガナッシュクリーム　［前日に作る］
ホワイトチョコレート………60g
生クリーム………180mℓ

❶チョコレートを刻み、ボウルに入れる。
❷鍋に生クリームを入れて火にかけ、沸騰したら①に加え混ぜて、チョコレートを完全に溶かす。
❸一回り大きいボウルにたっぷりの氷を入れ、②のボウルを重ねて、混ぜながら冷やす。とろみがつくまで充分に冷えたら、ラップフィルムをかけて、冷蔵庫で一晩ねかす。

★下準備
・天板の底の大きさに立上り部分をプラスしてカットした紙を天板に敷いておく。
・コーヒーエッセンスと卵黄を混ぜ合わせ、紙コルネに入れて閉じ、留めておく。

★生地
卵黄………6個分
卵白………5個分
上白糖………100g
薄力粉………50g
バター………50g

★コーヒー液
コーヒーエッセンス………大さじ1
（粉末インスタントコーヒー大さじ5を、湯大さじ1で溶いたもの）
卵黄………1個分

❹バターは湯せんにかけてとかしバターにする。
❺ボウルに卵黄を入れてほぐし、白っぽくもったりするまで泡立てる。
❻大きめのボウルに卵白を入れ、上白糖を加えて泡立て器でよく溶かしてからハンドミキサーで泡立て、仕上げは泡立て器に持ち替えて、きめ細かいとろりとしたメレンゲを作る。⑤を加え、混ぜ合わせる。
❼薄力粉をふるいながら加え、ゴムべらで生地につやが出るまで混ぜ合わせる。
❽④の熱々のとかしバターを加え、混ぜて生地を均一にする。
❾敷き紙を敷いた天板に⑧を流し入れて表面をカードで平らにし、天板の底を数回たたいて余分な空気を抜く。コーヒー液を入れた紙コルネの先端を2〜3mmカットして、生地の上に斜めに勢いよく線を描くように絞り出す。竹串を使って線に垂直に筋を入れ、200℃に温めたオーブンで約12分焼く。
❿焼き上がったら天板から取り出して網にのせ、立上り部分だけ紙をはがす。熱が取れたら取り板に移し、天板の底のサイズに合わせた紙を生地にかぶせておく。さらに熱が取れたら、紙ごとひっくり返して敷き紙をはがす。
⓫③のガナッシュクリームを八分立てにする。生地の巻始め部分にクリームを置き、パレットナイフで平らにのばす。

⓬指先を使って空洞ができないように一巻きして、てのひらで包み込むように巻く。

⓭ケーキが手前にくるように取り板ごと回転させてから紙を添えて巻き、トヨ型に入れて冷蔵庫で30分ほどねかす。

ふんわりフロール

抹茶のフロール (23cmのロールケーキ 1本分)

★抹茶のガナッシュクリーム [前日に作る]
ホワイトチョコレート………60g
生クリーム………180mℓ
抹茶………4g
湯………15mℓ
❶抹茶を湯でよく溶き混ぜる。
❷チョコレートを刻み、ボウルに入れる。
❸鍋に生クリームを入れて火にかけ、沸騰したら②に加え混ぜて、チョコレートを完全に溶かし、①を加え混ぜる。
❹一回り大きいボウルにたっぷりの氷を入れ、③のボウルを重ねて、混ぜながら冷やす。とろみがつくまで充分に冷えたら、ラップフィルムをかけて冷蔵庫で一晩ねかす。

★下準備
・天板の底の大きさに立上り部分をプラスしてカットした紙を天板に敷いておく。
・薄力粉と抹茶を合わせてふるっておく。

★生地
卵黄………6個分
卵白………5個分
上白糖………100g
薄力粉………50g
抹茶………8g
バター………50g

★他に
こしあん………100g
❺バターは湯せんにかけてとかしバターにする。
❻ボウルに卵黄を入れてほぐし、白っぽくもったりするまで泡立てる。
❼大きめのボウルに卵白を入れ、上白糖を加えて泡立て器でよく溶かしてからハンドミキサーで泡立て、仕上げは泡立て器に持ち替えて、きめ細かいとろりとしたメレンゲを作る。⑥を加え、混ぜ合わせる。
❽粉類をふるいながら加え、ゴムべらで生地につやが出るまで混ぜ合わせる。
❾⑤の熱々のとかしバターを加え、混ぜて生地を均一にする。
❿敷き紙を敷いた天板に⑨を流し入れて表面をカードで平らにし、天板の底を数回たたいて余分な空気を抜く。200℃に温めたオーブンで約12分焼く。
⓫焼き上がったら天板から取り出して網にのせ、立上り部分だけ紙をはがす。熱が取れたら取り板に移し、天板の底のサイズに合わせた紙を2枚用意して1枚を生地にかぶせておく。さらに熱が取れたら、紙ごとひっくり返して敷き紙をはがし、もう1枚の紙をのせ、再度返して焼き色が上になるように置く。

⓬④の抹茶のガナッシュクリームを八分立てにする。生地の巻始め部分にクリームを置き、パレットナイフで平らにのばす。

⓭こしあんをノエルの口金をつけた絞り出し袋に入れ、クリームの上に間隔をあけて3本絞り出す。指先を使って空洞ができないように一巻きして、てのひらで包み込むように巻く。

⓮ケーキが手前にくるように取り板ごと回転させてから紙を添えて巻き、トヨ型に入れて冷蔵庫で30分ほどねかす。

1 ガナッシュクリームを作る・前日に準備

口どけのいいガナッシュクリームがおいしい生地の味をより引き立てます。

チョコレートに沸騰させた生クリームを加える

チョコレートは刻んで（またはタブレット状のもの）ボウルに入れ、沸騰した生クリームを加える。

泡立て器でよく混ぜて、チョコレートを溶かす

泡立て器で丁寧に混ぜ合わせ、チョコレートを完全に溶かす。

一回り大きいボウルに氷を用意し、冷やす

大きいボウルの内側全体にたっぷりの氷をはりつけ、ガナッシュクリームのボウルを重ね、つややかなクリームになるまで、混ぜながら充分に冷やす。

?
6

クリームは、巻く直前に八分立てにする

冷蔵庫で一晩ねかせたクリームを泡立てる。ゴムべらですくい、とろりとゆっくり落ちるほどに調整する。

【私の工夫8】

2 生地（卵黄を泡立てる）

おいしい生地作りは、卵黄の乳化で決まります。

バターを湯せんにかけ、とかす

湯せんは沸騰させてから弱火にして、バターを入れたボウルをつけ、熱を蓄えておく。**【私の工夫10】**

? 20

卵を卵白と卵黄に分ける

大きめのボウルに卵白を、一回り小さいボウルに卵黄を、分けて入れる。

? 4

泡立て器を短く持ち、卵黄をほぐす

ワイヤ部分を指で軽く包むように持って泡立てはじめる。

ボウルを傾けながら勢いよく泡立てる

ボウルを手前に傾け、卵黄をまとめるようにして勢いよく泡立てる。

白っぽくもったりするまで泡立てる

もったりした卵黄が絡みつき、泡立て器のワイヤの中に入り込むようになるまで泡立てる。

? 8

3 生地（卵白を泡立てる）

メレンゲを作ります。
とろりつやのあるメレンゲから、さらにふんわりするまで泡立てます。

卵白に砂糖全量を加える

上白糖の全量を卵白に加える。

泡立て器で砂糖を卵白に溶かす

泡立てる前に、上白糖を卵白に溶かし込ませるように混ぜる。

? 11

砂糖が溶けたら、ハンドミキサーで泡立てる

しばらくは勢いよく縦に動かして泡立て、細かい泡になったらきめを整えるように横に動かして泡立てる。

きめ細かいとろりとしたメレンゲを作る

つやのあるごく細かい泡がとろりとしてくるまでは、ハンドミキサーを使っても大丈夫。

? 9

泡立て器に戻して、ふんわりするまで泡立てる

ハンドミキサーできめ細かい泡立てができたら、泡立て器に持ち替えて、空気を抱き込ませるように、ここでふんわりさせる。

? 9

4 生地（混ぜ合わせる）

メレンゲに卵黄、小麦粉、とかしバターの順に加え混ぜます。てのひらで混ぜるイメージです。

メレンゲに乳化させた卵黄を加える

メレンゲに卵黄を加えたら、両手を同時に動かし、合わせるようにする。

？10

卵黄と卵白を混ぜ合わせる

乳化した卵黄がメレンゲを包み込むよう、丁寧に混ぜ合わせる。

薄力粉をふるいにかけながら加え混ぜる

混ぜはじめは、中心から外へはじき出すように、片方の手を手前に小刻みに回すようにする。

ゴムべらでつやが出るまで混ぜる

続いて生地をゴムべらにのせるように、てのひらですくい上げるように大きく動かす。

熱々のとかしバターを加えて混ぜる

充分な熱を蓄えたとかしバターを加え、混ぜ残しがないようにきちんと混ぜる。

5焼く（天板に生地を流し入れて焼く）

立上りのある敷き紙を敷いた天板に生地を流し入れたら、手早く平らにならしてオーブンへ。

敷き紙を敷いた天板に生地を流し入れる

立上りのある敷き紙を敷いた天板に、少し高い位置から流し入れる。

表面をカードで平らにする

カードで生地を全体に行き渡らせてから、表面を平らにならす。

天板の底をたたいて余分な空気を抜く

片手で天板を持ち上げ、もう片方のてのひらに2～3回落とすようにする。

〈矢羽根のフロール〉

紙コルネに入れたコーヒー液を絞り出す

紙コルネの先端を2～3㎜カットして、斜め左右に手首を振るように勢いよく絞り出す。

竹串で線に垂直に筋を入れ、高温で焼く

竹串を垂直に上下交互に動かすと、きれいに矢羽根模様が描ける。200℃に温めたオーブンで約12分焼く。

?
49
50
51

6 巻く（外巻きにする・矢羽根のフロール）

外巻きは、香ばしく焼いた面を外側にして巻きます。

焼上りの生地を天板から網に取り出す

網に取り出したら、すぐに立上り部分の紙をはがしておく。

熱が取れたら、取り板に移す

乾燥を防ぐために取り板に移し、天板の底のサイズに合わせた紙をかぶせておく。

? 2

さらに熱が取れたら、紙ごとひっくり返して敷き紙をはがす

上にかぶせた紙ごとひっくり返し、敷き紙を手前から奥へ丁寧にはがす。この状態でしばらくおくことで、割れることなくきれいに巻ける。

? 1 2

巻始め部分にガナッシュクリームを置く

八分立てにしたガナッシュクリームを巻始め部分に置く。**【私の工夫8】**

パレットナイフで巻終りの2cm手前まで平らにのばす

パレットナイフは力を入れすぎないよう、リラックスしてクリームをのばす。

一巻き目と二巻き目は指先で丁寧に、後はてのひらで包み込むように優しく巻きます。

指先を使って一巻きする

一巻き目は空洞ができないようにし、指先を小刻みに動かしながら巻く。

てのひらで包み込むように巻く

優しくてのひらで包み込むようにし、左右の太さを均一にする。

? 3

ケーキが手前にくるよう、紙を添えて巻く

取り板ごと持ち上げて反転させ、紙を添えて形を整えながら巻き上げる。

巻いた紙をほどいて、ケーキの巻終りを下にする

ケーキを縦長に置いて紙をほどき、優しく挟むように持ち上げて中央に置き直し、巻終りが下になるようにする。

トヨ型に入れて冷蔵庫でしばらく形を整える

紙の両端を持ち上げ、トヨ型に入れて形を整え、冷蔵庫で30分ほどねかす。

6巻く（内巻きにする・抹茶のフロール）

内巻きは、焼き面を内側に抹茶のきれいな色を外側に表わします。

熱が取れたら取り板に移し、紙1枚をかぶせる
矢羽根のフロール同様、乾燥しやすいので天板の底に合わせた大きさの紙をかけておく。

さらに熱が取れたら、紙ごとひっくり返して敷き紙をはがす
手前からゆっくりはがしていく。やわらかい生地なので優しくはがす。

? 1

もう1枚の紙をのせ、再度返して焼き色が上になるようにする
巻いたとき、抹茶の鮮やかな色が外に見えるよう、もう一度返して焼き色を上にする。

巻始め部分にガナッシュクリームを置いてのばす
八分立てにした抹茶のガナッシュクリームを置き、巻終りの2cm手前まで平らにのばす。**【私の工夫8】**

? 3

こしあんをクリームの上に3本絞り出し、外巻き（47ページ）と同様に巻く
こしあんはノエルの口金をつけた絞り出し袋に入れ、間隔をあけて絞り出し、巻く。

? 2 3

ふんわりフロール

作り方Q＆A

？1 フロールを焼いたとき、紙が生地にくっついてしまいます。

まず、焼き上がった後、上に載せた紙なのか、生地を流した敷き紙かによって、答は変わってきます。

上に載せた紙がくっつく場合、水分が充分に残ったしっとりした生地ですから、内巻きにすれば巻きやすく、クリームを塗って巻き込むと紙をはがした跡が中に入って見えないので、気にする必要はありません。外巻きにする場合は、生地の熱が取れたら、密着度の低い和紙などを載せてひっくり返すといいでしょう。外巻きのフロールを作るときは、表面全体にきれいな焼き色がつくくらい焼くと、紙にくっつきにくくなります。

敷き紙をはがした跡を気にするのは、内巻きですね。問題の原因は多くの場合、水分です。焼き上がる前に水分が下にたまり、紙にしみて生地とくっついてしまっていると思います。これを防ぐために次の二つのことに気をつけてください。

一つはメレンゲの泡立て。内巻きのときは、外巻き以上にしっかり泡立てましょう。心配な場合は角が立つ手前くらいまで。メレンゲをよりふわっと強く作ることで、泡がつぶれて戻る水分を減らします。

二つ目に気をつけるのは混ぜ方。泡がつぶれることで水分になるのを防ぐ、という一つ目と同じ理由です。泡をつぶさないように、けれども粉やバターがきちんと全体に行き渡るように丁寧に混ぜましょう。「てのひらで混ぜるイメージ」と私は言っています。皆さん、素手で混ぜると抜群の角度で、均一にきれいに混ぜられます。これが道具を手にしたとたん、泡を切るような角度にへらを入れて、切り混ぜてしまいます。見落としがちですが、混ぜ方はこうした仕上りを左右するうえで、とても大切なのです。

2 生地を巻くときに、どうしても割れてしまうのです。

外巻きの場合と内巻きの場合は違います。

外巻きの場合、焼いた面は乾燥していますから、巻くことで引っ張られて割れやすくなります。冷ますときに乾燥しないよう注意が必要です。熱が取れたら、天板の底のサイズに合わせた紙をかぶせておきます。さらに巻く前に紙ごとひっくり返し、焼いた面を下にしたまましばらくおくと、生地の水分が下になっている焼き面に移るので、巻きやすくなります。

内巻きの場合、生地作りに問題があることがほとんどです。メレンゲは外巻きよりしっかり泡立て、しっかり混ぜることが大切。またクリームの泡立てが強すぎてかたくなっていると、生地の中でクリームが動かず生地が引っ張られて割れることがあります。

水分の調整ということでは、程よく水分を吸収するわら半紙をおすすめしてきましたが、コピー用紙のような少しかための紙を、底のサイズに合わせて敷き紙の上に重ねて使うのもいいでしょう。家庭用のオーブンは一般的に下火が弱いので、内巻きの場合は水分が紙にしみてしまわないように工夫が必要です。

3

巻き終わったとき、左右の太さが極端に違ってしまうのですが、巻直しができないので……。工夫すれば均一に巻けますか。

生地の厚さが目に見えて違う場合は、クリームを塗るときに生地の薄いほうにクリームを多く置いて塗ります。一巻き目、二巻き目に気づいたら太くなっているほうを絞るように、細いほうは力を入れず転がすように軽く巻いてください。最後に紙ごと巻くときにも、力の加減をしてください。

クリームの塗り方でも工夫できます。平たく均一に塗ったつもりでも、多くの人がはみ出したくないという意識からか、中央を高く、端に向かって薄く塗る傾向があるようです。意識的に両端を少し厚めに、中央は心持ち少なめに塗るといいでしょう。そして、10本の指をしっかり開いて生地に当て、押しつけず転がすように、巻きずしのイメージで巻いてください。

4 卵黄と卵白を分けるとき、少し混ざってしまったのですが、そのまま泡立てても大丈夫ですか。

フロールの生地作りでは、卵黄に卵白が混ざると乳化力は弱まりますが、でき上りに大きく影響することはありません。しかし、卵白に卵黄が混ざってしまうと泡立ちません。フロールのメレンゲは、卵白に砂糖を全量入れてから泡立てます。そこに卵黄が混ざると油が混ざる状態と同じ結果が出てしまいます。卵を割るときに気をつけましょう。小さな容器に卵を1個ずつ分けてから、ボウルに移すようにするといいでしょう。

5 卵は冷やすほうがいいのでしょうか、常温に戻すほうがいいのでしょうか。

卵黄と卵白に分けるときは、冷やした卵のほうが分けやすいですが、卵黄の乳化も卵白でメレンゲを作るのにも常温に戻したほうが理想の生地ができます。

粉を入れてからもよく混ぜ、さらに最後に入れるとかしバターもしばらく混ぜる工程があり、生地の中に入れて混ぜるバターが卵の水分で冷やされて分離することがありますので注意してください。

? 6

ガナッシュクリームを泡立てると、黄色っぽく分離したようになるのですが、作る段階で間違いがあったのでしょうか。

冷し方を確認してください。チョコレートを完全にとかすため、生クリームは沸騰させるので分離しかかった状態です。チョコレートと混ぜ合わせて溶かし、一緒に冷やしていく段階で起こる現象ですが、とかしたチョコレートをそのまま放置すると起こる、ファットブルーム*と似ています。

一回り大きいボウルにたっぷりの氷を張った中で、混ぜながら冷やしましょう。熱が取れた後もときどき混ぜ、ファットブルームがなくなり、つややかで少しとろみがつくまで冷やし続けると、つながったつやのあるガナッシュクリームができ上がります。清潔な容器に入れ、ラップフィルムをかけて、冷蔵庫で一晩ねかすことも忘れずに。
＊ファットブルーム
チョコレートに含まれているココアバターが、温度の上昇によって表面に浮き出し、冷えて固まるときに白く粉をふいた状態になる現象。チョコレートと生クリームで作るガナッシュクリームの場合は、冷やしている途中で表面に油が浮いているように見える。

？7 抹茶やココアの生地のように小麦粉に粉類を加える場合は、小麦粉の分量を減らす必要はないのでしょうか。

抹茶やココアは粉類ではありますが、水分と混ざり合うことでつながる小麦粉のグルテンのような力はありません。特にフロールの小麦粉はごく少量なので、減らす必要はありません。抹茶やココアのような粒子の細かい粉を足すことで小麦粉と出合う水分量が減り、グルテンによるもっちりした食感がより味わえるのではないでしょうか。

8 卵黄の乳化は、どれくらい泡立てるといいのでしょうか。

クリーム色になり、泡立て器の中にまとまって入るくらいになるまで、しっかり泡立ててください。よく乳化させた卵黄は、メレンゲを包み込むほどの力を発揮してくれます。フロールの生地のよしあしは、卵黄の乳化次第といっても過言ではないと思います。

9 メレンゲを作るのにとても時間がかかるのですが、手を止めてもいいタイミングはありますか。

最初に砂糖を溶かし込んでいますから、止まっていいタイミングは長く続きます。泡立ての途中で、何度もチェックするように楽しみながら泡立ててください。泡立て器で全体をよく混ぜながら、すくっては横に振りながら垂らしてみる。メレンゲの泡で筋が描けるようになるまでは、手を止めても大丈夫です。また、ここまでの作業はハンドミキサーを使ってもいいのです。筋が描けるようになったら、後は泡立て器の手を止めず、常につややかなメレンゲの泡を確かめながら、外巻きにするときは「ふわとろ」、内巻きにするときは「ふんわり強め」を目安に泡立てます。

10

生地を完成させるための一連のプロセスで、手を止めてもいいポイントはありますか。止まるとよくないと思い込んでいて、止めるのが怖くて……。

素材どうしが混ざり合うことで、生地は安定します。卵黄は泡立ての途中も泡立てた後も手を止めて大丈夫。そして「メレンゲのでき上りを確かめたら、卵黄を加えてよく混ぜる」。ここまでは止まらずスムーズに。後は、粉、バターを加えて、それぞれリズミカルにしっかり混ぜ合わせることでいい生地ができます。生地を天板に流した後は、できるだけ手早くスムーズにカードでならし、オーブンへ。

11

フロールのスフレ生地に使う上白糖の代りに、グラニュー糖を使う場合の量は、そのままでいいのでしょうか。また、泡立ちなどに違いが出るのでしょうか。

フロールはメレンゲを作るとき、最初に卵白と砂糖を溶かすことから始めます。グラニュー糖は上白糖と比べて、卵白に溶けにくく、そのため砂糖が溶け込む前に泡立つことになり、弱いメレンゲになってしまいます。また、焼いたときに上白糖のような独特の香りが出ません。

外巻きのフロールのような香ばしさを感じる焼き色は、なかなかグラニュー糖では望めません。焼き色がつきにくく、焦げが弱く香りが出にくいのです。

上白糖で作ることをおすすめします。

12

オレンジのフロールの生地を焼いたのですが、オレンジピールが生地の中に入っていて表面にほとんど出ていません。どうしてなのでしょうか。

メレンゲと乳化した卵黄を合わせてからの混ぜ方が不足していることが考えられます。あるいは、メレンゲを泡立てすぎたのかもしれません。たとえ泡立てすぎても、卵黄が卵白を包み込むようなイメージでよく混ぜ合わせると、二つはつながり、生地につやが出てきます。

また、小麦粉を加えた後の混ぜ方が不足していて、生地自体に気泡が多く残っていると、細かく刻んだオレンジピールが生地の中にたまり、そのまま焼き上がるのです。

バターシフォンケーキ

フロールではないのですが、フロール誕生のもとになったシフォンケーキは、質問も多いメニューなので、ここで触れておきます。

メレンゲのページでもお話ししましたが、メレンゲの力によって最高に癒されるお菓子といえば、私にとってバターシフォンケーキの右に出るものはありません。そして、ただのシフォンケーキではなく〝バター〟とつけているとおり、サラダ油で作る場合とは、香りと焼き色がずいぶん変わってきます。

ふつうシフォンケーキはふわふわの食感が続くよう、サラダ油で作ることが多いのです。バターはその性質上、時間とともにかたく重い食感になってしまいがち。けれども私はどうしてもバターにこだわっていました。バターで作った香り高いシフォンケーキで、焼きたてのふんわり感をなんとか持続させられないものかと考えたのです。そうして今の牛乳＋バターで作るシフォンケーキに行き着きました。シフォンケーキの失敗に教えられてフロールができたので、〝お返しのシフォンケーキ〟と思っています。

バターシフォンケーキ
（直径20㎝のシフォンケーキ型　1台分）

★下準備

・粉類はふるいにかけておく。

★生地

発酵バター………80g
牛乳………80㎖
卵黄………５個分
卵白………５個分
上白糖………140g
｜薄力粉………100g
｜ベーキングパウダー………小さじ１
｜塩………ひとつまみ

❶ボウルに発酵バターと牛乳を入れて湯せんで溶かし、そのまま温めておく。
❷ボウルに卵黄を入れてほぐし、白っぽくもったりするまで泡立てる。
❸深型のボウルに卵白を入れてハンドミキサーで全体が白っぽくなるまで泡立てて、上白糖を２回に分けて加え、しっかりした弾力のあるメレンゲを作る。
❹②に①を加えて混ぜ、大きいボウルに移し替える。
❺粉類を再びふるいながら加え、泡立て器でつやが出るまで混ぜる。
❻③のメレンゲを２回に分けて加え、そのつど泡立て器で丁寧に混ぜ合わせ、さらにゴムべらで生地が均一になるまで混ぜる。
❼シフォンケーキ型に少し高い位置から泡が立たないよう生地を流し入れ、さらに割り箸などで混ぜて余分な空気を抜く。
❽180℃に温めたオーブンで約30分焼き、焼き上がったら、型ごと逆さにして冷ます。冷めたら生地と型の間にナイフを入れて、型を外す。

13

バターシフォンケーキを焼いた後、冷まして型から抜くと、いつも底の部分に空洞ができてしまいます。なぜでしょうか。

メレンゲがほかの材料としっかり混ざっていないことが考えられますが、でき上がった生地を型に流すまでに、手を止めたり、時間がかかることで気泡が浮いてきて、流すときに底に空気が入ることがあります。流す前の生地はふわふわではなく、とろとろした状態で型に流し入れてください。最後に割り箸で全体をまんべんなく動かしてから、オーブンに入れましょう。

14

バターシフォンケーキを作るときにたっぷりのバターと牛乳を加えますが、充分に温めておくのはなぜですか。

バターはオイルとは違い、作っている間に冷めると固まるので、生地ができ上がるまで冷やさずに仕上げることが肝心です。バターと牛乳は、小麦粉やメレンゲが入る前の早い段階で加えるため、充分熱くしておく必要があります。

15

バターシフォンケーキを作るとき、卵の大きさでずいぶんふんわり感が違っているように思うのですが、Lサイズの卵がないときは数を増やしてもいいのでしょうか。

もちろん大丈夫です。シフォンケーキを作るとき、主役になる素材は卵です。卵白の起泡力と卵黄の乳化力を最大限に出すことができれば、ふんわり、しっとりしたお菓子ができるでしょう。また、卵白の泡立て次第でよしあしが決まるので、砂糖を加えるタイミングに注意して作ってください。

16

バターシフォンケーキを型から外すのがうまくいきません。ナイフの使い方にコツはありますか。

シフォンナイフを差し込み、手をグーにして柄の部分を握ります。ナイフを持った手はそのまま横にまっすぐ進む気持ちで、反対の手で型を手前に引くように動かしてください。シフォンナイフの角度が問題なので、生地と型の間にあるシフォンナイフが生地のほうに行かないように、常に型についた生地をはがすイメージで、型にぴたりと沿わせるようにしてください。

17

バターシフォンケーキが焼き上がるころに生地が横にはみ出して流れそうになるのですが、それはあまりいい生地ではないのでしょうか。

メレンゲが生地によくなじんでいないようです。シフォンケーキのメレンゲはしっかり泡立っているので、加えるときに泡立て器でよく混ぜ、やわらかい状態にしてから加え、しっかり混ぜ合わせます。ゴムべらでは全体にメレンゲが混ざらず、残ってしまいがちです。よく混ぜ合わせた生地は横に広がることなく、上に盛り上がるように焼き上がります。

18

焼き上がったシフォンケーキの形をきれいに保つには、どのように扱えばいいのでしょうか。

焼き上がって熱が取れたら、外側の型を外します。次に、中心の筒状の型をつけた状態のまま（写真）、底が上になるようにしてナイロン袋に入れ、乾燥しないようにしばらくおきます。1〜2時間で形は整います。

底の部分を外すときは、上下を元に戻してペティナイフを生地と型の平らな部分に差し込み、筒状の部分を片方の手でナイフと逆方向に回すときれいに外れます。また、シフォンケーキを切り分ける際は、ナイフを小刻みに動かしながら、下方に力が入って押し切らないよう注意しましょう。

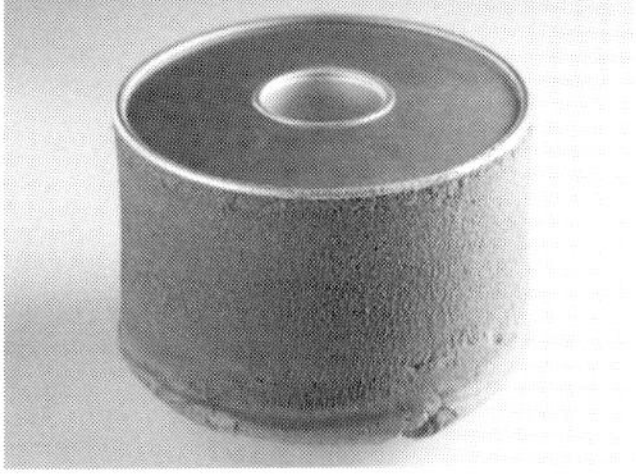

？ 19

シフォンケーキのメレンゲを作るとき、上白糖を2回に分けて加えますが、なぜ上白糖がいいのでしょうか。

上白糖はグラニュー糖よりも卵白に溶けやすく、強く安定したメレンゲを作るのにちょうどいいつなぎ役になります。また、焼いたときの独特の香りは、焼き菓子の風味をよりよくしてくれます。グラニュー糖を使う場合は、微粒子のものを使うようにしてください。

しっとりケイク

バターが主役のお菓子

私は昔からカステラをこよなく愛しています。京都ではカステラは欧風菓子（洋菓子）ですが、東京で教わったのは「カステラは和菓子ですよ！」と。何を基準に決められたのか、どちらも定かではありませんが、理由の一つとしてバターの存在があるのかもしれません。私は子どものころからずっと「カステラにバターが入っていたらいいのに」と思い、きっとおいしいはずだと想像していました。目指すおいしさはカステラのような、ふんわり、しっとり、さらにバターが香るお菓子。そんなケイク作りは、かがくが満載です。プロセスの一つ一つに理由があって、工夫によって味わいが全く違ってきます。なぜ？という理由が分からないまま作ってしまうと、納得がいかないどころか、とんでもない結果に。オーブンに入れる前の生地がしっかりとつながっているのを実感すること。また、その理由を理解することが最も大切です。かがくが理解できると、お菓子作りはとても心地よくなりますよ。私のケイク作りには、①

泡立てバターで作るパウンドケーキ、②とかしバターで作るキャトルカールの二つの方法があり、やはりどちらもバターが主役のようです。

①泡立てバターで作るパウンドケーキ／バター・砂糖・卵・小麦粉の順

泡立てバターは小麦粉を加える直前までのクリーム状のベースを、ベストな状態でキープするよう心がけましょう。バターは半分溶けてよく混ざった、つややかなクリームの状態がお菓子作りにはベストです。そのためには、「前もって卵を室温に戻す」とよくレシピ本にありますが、私は「卵を湯せんにかけながら充分に温めておく」と言っています。バターと砂糖が混ざった後に温めた卵を加えると、バターがじんわり溶け出してゆるやかになり、なめらかにつながります。さらにはちみつなどが入った具材を、これも湯せんにかけておくと、最後までいい状態が続いて生地がつながります。

また、卵がバターの分量を超した瞬間から分離が始まる、ということをぜひ知っておいてください。まず温めた卵の半分を加えて、つややかなクリーム状になるのを確認できるまで混ぜましょう。残りの卵の半分を加えて混ぜ、さらに最後の卵を加えたら、分離しそうですが、はちみつなどが入った具材が温まっていることで、もう一度バターがゆるやかになってつややかにつながっていきます。そのタイミングで粉を加えて混ぜると、のど越しのいいお菓子の生地ができ上がります。以上をしっかり押さえておくと、パウンドケーキの出来は格段に上がります。

②とかしバターで作るキャトルカール／卵・砂糖・小麦粉・バターの順

卵に砂糖を溶かし込むため、まず湯せんで温めながら混ぜ合わせます。そうすることで砂糖が卵にしっかり溶け込み、泡立てた卵の気泡は強く安定します。粉を加えてから最後にとかしバターを加えることで、バターの風味がより味わえるお菓子になります。ケイクはバター（油脂分）と卵（水分）が分離するのを防ぐため、①はバターが温めた卵によってゆるまることでお互いをつなぎ、②は砂糖と小麦粉がつなぐ役目を果たします。作る段階では、常につやを確認しながら次へと進めていくことが大切。「つながるものにはつやがある」のです。卵・砂糖・小麦粉・バターの四つの素材をつややかにつなぐことで、のど越しがよく、しっとりと潤いのあるお菓子ができます。

しっかり焼くということ

四つの素材がオーブンの中で水蒸気を出すことを想像すると、焼きっぱなしのケイクはぱさぱさしてしまうと思われるでしょう。だからこそ、フランスでは焼き上がった生地にたっぷりのシロップや洋酒を塗る、と考える人が多いと思います。もちろん、水分を足すという役目もありますが、それ以外にも衛生面を意識したお菓子作りでもあるのです。洋菓子文化の国から学んだことは、しっかり焼く、洋酒を塗る、甘く仕上げる、バターをたっぷり使う。これらはすべて、防腐などを自然な方法で行なっています。焼くことはつまり、水分がなくなることで、滅菌や防菌と同時に、焼き色がついておいしい香りが出てきます。自然な手作りのおいしさは、体にも心にもよいお菓子なのです。

しっとりケイク

さあ、作りましょう！

ミモザ（泡立てバター）
チョコマーブルのケーキ（泡立てバター）
塩キャラメルのキャトルカール（とかしバター）★レシピは81ページ
ラムレーズンのマドレーヌ（とかしバター）★レシピは82ページ

しっとりなめらかな生地の要は
2種のバターの準備。
「泡立てバター」と
「とかしバター」のマスターで
きめこまやかな極上のケイクを。

しっとりケイク

ミモザ（直径18cmのクグロフ型　1台分）

★下準備

・クグロフ型にとかしバター(分量外)をはけで塗り、冷蔵庫で冷やしておく。

・粉類はふるいにかけておく。

・オレンジピールは細かく刻んでおく。

★生地

バター………200g
粉糖………150g
全卵………３個
A オレンジピール………150g
　コアントロー………20mℓ
　はちみつ………30g
　薄力粉………220g
　ベーキングパウダー………小さじ1½

❶ ボウルにAを入れて混ぜ合わせ、湯せんにかけておく。

❷ 室温でやわらかくしたバターを別のボウルに入れて泡立て器で混ぜ、粉糖を数回に分けて加え、ふんわりするまで泡立てる。

❸ 全卵をほぐしたボウルを湯せんにかけ、フォークでかき混ぜながら温め、３回に分けて②に加え、そのつどバターとなじむまで混ぜ合わせる。

❹ ③に①を加えて混ぜ合わせ、大きめのボウルに移し替える。

❺ 粉類をふるいながら加え、練りへらで切り混ぜ、粉っぽさがなくなったら、つやが出るまで練り混ぜる。

❻ 準備したクグロフ型に強力粉(分量外)をまぶしつけ、余分の粉を落としてから⑤の生地を入れる。

❼ 180℃に温めたオーブンで15分、170℃に下げて約30分焼く。竹串を刺して生地がついてくるようなら、さらに数分焼く。

★シロップ

水………100mℓ
グラニュー糖………100g
コアントロー………30mℓ

❽ 鍋に水とグラニュー糖を入れて中火にかけ、沸騰させる。冷めたら30mℓを量り、コアントローを加えて混ぜる。

❾ ⑦が焼き上がったら型から取り出して網にのせ、熱いうちにシロップをはけで塗る。

しっとりケイク

チョコマーブルのケーキ
(20×8㎝のパウンドケーキ型 1台分)

★下準備

・パウンドケーキ型にグラシンペーパーを敷く。

・粉類をふるいにかけておく。

★生地

バター………140g

粉糖………120g

全卵………3個

ラム酒………20㎖

はちみつ………30g

薄力粉………140g

アーモンドパウダー………40g

塩………小さじ¼

スイートチョコレート………40g

牛乳………20㎖

★他に

ブランデー………60㎖

❶ボウルにスイートチョコレートと牛乳を入れて湯せんで溶かす。チョコレートが溶けたら湯せんから取り出し、混ぜておく。

❷別のボウルにラム酒とはちみつを入れて湯せんにかける。

❸室温でやわらかくしたバターを別のボウルに入れて泡立て器で混ぜ、粉糖を数回に分けて加え、ふんわりするまで泡立てる。

❹全卵をほぐしたボウルを湯せんにかけ、フォークでかき混ぜながら温め、3回に分けて③に加え、そのつどバターとなじむまで混ぜる。②を加えて混ぜ合わせ、大きめのボウルに移し替える。

❺粉類をふるいながら加え、練りへらで切り混ぜ、粉っぽさがなくなったら、つやが出るまで練り混ぜる。へらでひとすくいした生地を①のボウルに入れて混ぜ合わせ、元のボウルに戻して大きく2〜3回混ぜる。

❻準備した型に生地を入れ、横長に置いてへらで中央をくぼませ、左右になだらかに上げておく。180℃に温めたオーブンで15分、170℃に下げて約30分焼く。竹串を刺して生地がついてくるようなら、さらに数分焼く。

❼焼き上がったら型から取り出して網にのせ、グラシンペーパーをはがし、熱いうちにブランデーをはけで塗る。

バターの準備

泡立てバターで作るパウンドケーキ、とかしバターで作るキャトルカール。

【泡立てバターの場合】

室温に戻したバターを泡立てる

室温に戻したバターは少しかための状態から、ハンドミキサーで泡立てはじめる。

ふんわりするまで泡立てる

白っぽくふんわりして、ボリュームが出るまで泡立てる。【私の工夫10】

【とかしバターの場合】

さいころ状のバターをボウルに入れる

さいころ状にカットしたバターを準備し、ボウルに入れる。【私の工夫10】

湯せんにかけてとかす

湯せんは沸騰させてから弱火にし、バターのボウルをつけて充分に熱を蓄える。

? 20

泡立てバターで作る

パウンドケーキは泡立てバターで。バター、砂糖、卵、小麦粉を順につなぎます。

泡立てバターに粉糖を加え、泡立てる
粉糖を数回に分けて加え、そのつどバターとなじむまで泡立てる。

ふんわりするまで泡立てる
空気を抱き込ませるように泡立てて、バターをふんわりさせる。

卵をほぐしながら湯せんにかけ、温める
全卵は湯せんにかけながらフォークで泡立つほどかき混ぜる。

? 24

卵を3回に分けて加える
充分に温めた全卵の半量を加えてバターとなじませ、つやが出るまで混ぜる。

? 21

つややかなクリーム状につなぐ
残りの全卵を2回に分けて加え、そのつどつややかにつながっていることを確認する。

? 21

温めた卵やオレンジピールを加えることで、バターがじんわり溶け出してゆるやかになり、なめらかにつながります。

オレンジピールとつなぎの甘みを加え、混ぜ合わせる

湯せんにかけて温めておいたオレンジピールを加えて混ぜ合わせる。

? 27 29～31

大きめのボウルに移し替える

加えたオレンジピールが温まっていることで、バターがゆるやかになってつながっているのが実感できる。

粉類を再びふるいながら加える

粒子の違う粉類を合わせて使う場合は、前もってふるっておく。

練りへらで切り混ぜる

バター生地と粉類がまとまるまでは、へらで切るように混ぜる。

つやが出るまで練り混ぜる

粉っぽさがなくなったら、練りへらで生地を練るように、ぷるんと感じるまでしっかり混ぜる。

? 25 26

クグロフ型の中心からも熱が入り、よりしっとり口どけのよい生地に焼き上がります。

準備しておいたクグロフ型に強力粉をまぶしつける

型を回すようにすると粉が全体に行き渡る。余分の粉を台に打ちつけて落とす。

ボウルの中の生地をまとめ、へらで丁寧にすくう

生地はへらですくい取るときに、片方の手でボウルを傾けるようにするとこぼれない。

? 32

クグロフ型に生地を入れる

へらにたっぷりのせた生地は型の中心から外へ置くようにする。

表面を平らにし、180℃に温めたオーブンで焼く

生地を平らにした後、中央から周囲に向かって高く上げておくことで、熱の回りがよくなる。

? 22

型から取り出して網にのせ、熱いうちにシロップを塗る

焼き上がったら網に取り出し、熱いうちにシロップを全体に塗る。筒の部分にも塗る。**【私の工夫2】**

? 28 29

生地は「ミモザ」と同様に作り、チョコレートでマーブル模様を作ります。

ボウルにスイートチョコレートと牛乳を入れて湯せんで溶かす

チョコレートが溶けたら湯せんから外し、牛乳とよく混ぜ合わせて室温におく。

チョコレート生地を作る

でき上り生地をへらでひとすくいしてチョコレートのボウルに入れ、混ぜ合わせる。

元のボウルに戻してマーブル模様を作り、型に入れる

練りへらで大きく数回混ぜてマーブル模様を作り、グラシンペーパーを敷いたパウンドケーキ型に生地を入れる。

? 32

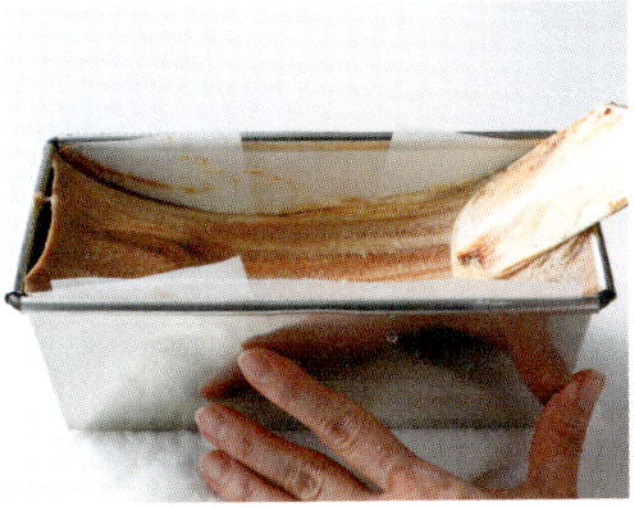

生地の中央をくぼませて焼く

型を横長にして練りへらで左右をなだらかに上げておく。180℃に温めたオーブンで15分焼き、170℃に下げて約30分焼く。

? 22 23

型から取り出し、熱いうちにブランデーを塗る

焼き上がったら網にのせ、グラシンペーパーをはがし、上面だけではなく側面にもたっぷり塗る。

? 28 29

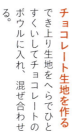

塩キャラメルのキャトルカール

とかしバターで作る

キャトルカールはとかしバターで。卵、砂糖、小麦粉、バターを順につなぎます。

グラニュー糖を溶かして焦がす
鍋にグラニュー糖と水を入れて中火で溶かし、水分がなくなり濃い茶色になるまで焦がす。

キャラメルを作る
全体が濃い茶色になって泡が表面に浮いてきたら、火を止め、生クリームを加え混ぜて、ボウルに移しておく。

深型ボウルで全卵にグラニュー糖を加えて溶かす
全卵とグラニュー糖を混ぜて湯せんにかけ、泡立て器で混ぜながらグラニュー糖を溶かす。

湯せんから外し、ハンドミキサーで泡立てる
グラニュー糖が溶けたら湯せんから外し、ハンドミキサーでふんわりするまで泡立てる。

大きめのボウルに移し替え、キャラメルを加える
一回り大きいボウルに生地を移し替えてキャラメルを加え、混ぜ合わせる。

最後にとかしバターを加えることで、バターの風味がより味わえます。

粉類の半量を再びふるいながら加えて混ぜる

まず半量の粉を加え、ゴムべらに生地をのせるようにして、粉っぽさが見えなくなるまで混ぜ合わせる。

とかしバターの半量を加えて混ぜる

熱々のとかしバターの半量を加え、生地が均一になり、つやが出るまで丁寧に混ぜる。【私の工夫10】

? 20

残りの粉類、残りのとかしバターを順に加える

とかしバターが混ざったら、残りの粉類、とかしバターを加え、そのつどつやが出るまで混ぜ合わせる。

準備したスポンジ型に生地を入れる

下準備として型の周囲内側に立上り部分より3㎝ほど高くしたベーキングシートを、底には紙を敷いたスポンジ型に生地を入れる。

170℃に温めたオーブンで約50分焼き、竹串を刺して焼き加減を見る

焼き上がったらシロップ、グラサージュを塗り、フラワーソルトをふりかける。

【私の工夫7】

? 28 54

ラムレーズンのマドレーヌ

メープルシロップとラム酒を合わせたレーズンの甘煮を最後に加えます。

すべての材料を合わせてクランブルを作る

バターに粉類をまぶしつけながら指先で細かくちぎり、ほぐしながらそぼろ状にする。

? 55

レーズンの甘煮を加えて混ぜる

生地は「塩キャラメルのキャトルカール」と同様に作り、メープルシロップとラム酒を合わせたレーズンの甘煮を混ぜ合わせる。

生地をスプーンにとり、型に入れる

型紙をセットしたマドレーヌ型に生地を八分目入れる。生地は約45g／個になる。

? 57

クランブルとレーズンの甘煮をのせて焼く

クランブルと飾り用のレーズンの甘煮を全体に散らし、170℃に温めたオーブンで約25分焼く。

ブランデーを塗り、粉糖を軽くふる

焼き上がったら熱いうちにブランデーをはけで塗り、熱が取れたら網にのせ、仕上げに粉糖をふりかける。

? 28 29

しっとりケイク

塩キャラメルのキャトルカール

（直径18cmのスポンジ型　1台分）

★下準備

・スポンジ型の周囲内側にベーキングシートを、底に紙を敷いておく。

・粉類はふるいにかけておく。

★キャラメル

グラニュー糖………60g

水………20mℓ

生クリーム………60mℓ

❶ 鍋にグラニュー糖と水を入れて中火にかけ、砂糖が溶けて濃いキャラメル色になったら火を止めて、生クリームを加え混ぜる。

★生地

全卵………３個

グラニュー糖………180g

キャラメル………120g（①のでき上り全量）

薄力粉………180g

ベーキングパウダー………小さじ1

塩………小さじ½

バター………180g

❷ ボウルにバターを入れ、湯せんにかけておく。

❸ 深型のボウルに全卵を入れてほぐし、グラニュー糖を加えて湯せんにかけ、砂糖を溶かす。

❹ 湯せんから外し、ハンドミキサーでふんわりするまで泡立てたら、一回り大きいボウルに移し替え、①のキャラメルを加えて混ぜ合わせる。

❺ 粉類の半量をふるいながら加えてゴムべらで混ぜ、②のとかしバターの半量を加えて混ぜる。

❻ 残りの粉類をふるいながら加えて混ぜ、とかしバターの残りを加え、つやが出るまで混ぜる。

❼ 準備したスポンジ型に生地を入れ、170℃に温めたオーブンで約50分焼く。

★シロップ

水………100mℓ

グラニュー糖………100g

コアントロー………30mℓ

❽ 鍋に水とグラニュー糖を入れて中火にかけ、沸騰させる。冷めたら30mℓを量り、コアントローを加えて混ぜる。

❾ ⑦が焼き上がったら型から取り出して網にのせ、熱いうちにシロップをはけで塗る。

★グラサージュ

粉糖………110g

水………15mℓ

コアントロー………15mℓ

★他に

フラワーソルト………適量

❿ ボウルにふるった粉糖を入れ、水とコアントローを合わせて加え、ゴムべらでよく混ぜ合わせてグラサージュを作る。

⓫ 熱の取れた⑨の上面にグラサージュをたっぷり塗り、表面が乾かないうちにフラワーソルトをふりかける。

しっとりケイク

ラムレーズンのマドレーヌ

（直径7cmのマドレーヌ型　12個分）

★下準備

・天板に型紙をセットしたマドレーヌ型を間隔をあけて並べる。

・粉類をふるいにかけておく。

★クランブル

アーモンドパウダー………20g

薄力粉………20g

メープルシュガー………20g

バター………20g

❶ボウルにすべての材料を入れて混ぜ合わせ、バターに粉をまぶしつけながら指先で細かくちぎり、ほぐしながらそぼろ状にする。

★レーズンの甘煮(作りやすい分量)

水………200mℓ

グラニュー糖………100g

レーズン………500g

❷鍋に水とグラニュー糖を入れて中火にかけ、沸騰させる。レーズンを加え、ときどき混ぜながらやわらかくなるまで煮る。ざるに上げ、水気をきる。

★生地

全卵………2個

グラニュー糖………100g

薄力粉………120g

アーモンドパウダー………40g

ベーキングパウダー………小さじ1

塩………小さじ¼

バター………120g

レーズンの甘煮………80g(飾り用に20gとりおき、残りはみじん切り)

メープルシロップ………15g

ラム酒………15mℓ

★他に

ブランデー………50mℓ

粉糖………適量

❸ボウルにバターを入れ、湯せんにかけておく。

❹別のボウルにレーズンの甘煮のみじん切り、メープルシロップ、ラム酒を合わせて、湯せんにかけておく。

❺深型のボウルに全卵を入れてほぐし、グラニュー糖を加えて湯せんにかけて砂糖を溶かす。湯せんから外し、ハンドミキサーでふんわりするまで泡立てたら、一回り大きいボウルに移し替える。

❻粉類の半量をふるいながら加えてゴムべらで混ぜ、③のとかしバターの半量を加えて混ぜる。

❼残りの粉類をふるいながら加えて混ぜ、残りのとかしバターを加えて混ぜ合わせる。

❽④を⑦に加えて生地が均一になるまで混ぜ合わせる。

❾生地をスプーンですくい、準備したマドレーヌ型に八分目(約45g／個)入れる。クランブルとレーズンの甘煮(飾り用)を上にのせ、170℃に温めたオーブンで約25分焼き、焼き上がったら型ごと網に取り出してブランデーをはけで塗る。熱が取れたら、仕上げに粉糖を軽くふりかける。

しっとりケイク

作り方Q＆A

? 20

とかしバターでケイクを作るとき、湯せんの温度はどのくらいがいいのでしょうか。

湯せんのお湯は沸騰させてください。その後ごく弱火にしますが、できるだけ熱い湯せんで温めるほうがいいので、やけどをしないように気をつけてください。とかしバターで作るお菓子は、湯せんで温めたバターを最後に加えることがほとんどですが、バターを加えた後、ほかの素材となじむまでしっかり混ぜ合わせることが大切です。混ぜている間に生地全体が冷えてしまわないよう充分な熱を蓄えておくことが必要です。

21

パウンドケーキ作りで、よくレシピ本に卵は数回に分けて加えると書いてありますが、数回とは何回でしょうか。卵を全部加えた後、分離してしまいました。なめらかにつなげる工夫は何かあるのでしょうか。

バターは熱を加えるとゆるみ、つながりやすくなることを知っておいてください。さらに卵がバターの分量を超した瞬間から分離が始まるということも大切です。卵に湯せんの熱が伝わっていなかったら、加える卵の量が増えるたび分離してしまいます。充分に温めた卵を最初にたっぷり半量くらい加えると、後は少量ずつ加えることになって、つながりやすくなります。残りを2回に分けて加えるとうまくいきます。卵が全量入った後は慌てず、次に加える甘み材料をできるだけ熱い湯せんにかけて、充分な熱を保ちながら混ぜ合わせると、うまくつながります。

22 パウンドケーキ型で焼く場合、型に入れてから生地の表面を平らにせず、中央をくぼませるのはなぜですか。

長方形のパウンドケーキ型はオーブンに入れるとまず両端（短いほう）から熱が早く行き渡り、形ができていきます。目に見えない生地の中は、まだ焼けていない泡状の生地が両端から中央へと移動しますので、中央を低くしておけば、移動してきた生地があふれて流れ出すことはないのです。

クグロフ型で焼くときも同じように工夫してください。クグロフ型は中央が筒状になっているので、熱の回りもよく、しっとりした焼上りになるので、私のお気に入りの焼き型です。中央の筒と型自体が同じ深さなので、生地は型の外側から焼けて形ができ、まだ焼けていない生地が中心に向かって移動するため筒の中に流れ出して埋まってしまい、熱が回らなくなることがあります。型に生地を入れてから、中心の生地を低くし、周囲を高くするようにするといいでしょう。

しっとりケイク

23 しっとりとしたパウンドケーキを作るのは、焼き方で決まるのでしょうか。

それもありますが、四つの素材が分離することなくつながった生地であれば、しっとりと焼き上がります。また焼くときの工夫として、オーブンに入れてしばらくすると、生地の表面にうっすら焼き色がつきはじめます。そのタイミングで、同じ型を逆さにしてぴったりかぶせると、生地から出る水蒸気が中で循環して熱を与え、まるで蒸しパンのような弾力になり、しっとりと焼き上がりますよ。

24 パウンドケーキを作るときに、卵を湯せんで温めるのはなぜですか。また、卵を温めるときに注意すべきことは何でしょうか。

卵はほとんどが水分です。冷たい卵はバターとなじみにくく分離しがちです。卵を湯せんで温めてからバターと合わせると、その熱によってバターがじんわ

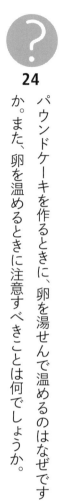

りとけ、ゆるやかになってつながり、次に入る粉類を受け入れやすくなります。バターと卵が分離せずつややかにつながっていれば、粉をしっかり練り混ぜることができ、焼き上がった生地はきめが細かくしっとりとします。

卵を割りほぐしたボウルをゆっくり両手で湯せんに浮かべます。卵のボウルを手前に引き寄せて、湯せんのボウルにぴったり添わせるように片方の指で軽く支えて安定させ、常にフォークでかき混ぜながら温めます。少々勢いがついても大丈夫です。よく「人肌程度に温める」と表現しますが、それでは粉を加える前に冷めてしまうので、最初に加える卵はできるだけ熱い状態で、バターがジュワーッととけるくらいでもいいのです。バターは半分とけてゆるやかでつやがある、つながりのベストな状態を想像しながら作ることが大切ですね。

? 25

粉類を加えた後は、どれほど混ぜたらいいのでしょうか、その目安は。

粉類を加える前につややかにつながっていれば、できる限りしっかり練り混ぜてください。生地につやが出て、ぷるんとした生地になるまで混ぜましょう。混ぜている間に気持ちよくなり、私はいつまでも混ぜ続けたくなるくらいです。ケイク作りは特にプロセスに理由があり、「なぜそうすることが大事なのか」が、何度か作っていく間に理解でき、納得もでき、うれしくなってくるでしょう。

? 26

最後の粉を入れる前の段階で、かなりゆるい状態になってしまうことがあります。でき上りに何か影響しますか。

湯せんで温めた卵が熱く、少しゆるみすぎた状態のようですが、バターと卵が分離したわけではないので特に問題ありません。とかしバターで作るキャトルカールに近いお菓子になって、よりバターの風味が感じ取れるのではないでしょうか。粉類を加えた後は少し時間をかけて、しっかり練り混ぜると自然に元の状態に戻っていくため、食感のよいお菓子ができます。

27

パウンドケーキの配合に、砂糖のほか、はちみつ、水あめ、メープルシロップなどが入るものもありますが、甘すぎないでしょうか。

パウンドケーキ作りではちみつなどを使う目的は、分離しないよう熱もちのいい粘り材料を加えて温めることで、卵が全量入った後もバターをゆるめ、つながった状態を保つためです。甘みは水分の多い中ではより強く感じますが、粉類が多く入る焼き菓子では、甘みはつなぐ役目を発揮するものの、強い甘さは感じさせないでしょう。

28

焼き上がった後で洋酒やシロップを塗るのは、しっとり感を出すためですか。

それだけではありません。空気に含まれる細菌が表面から浸透するのを防ぐ効果もあります。焼くこと、アルコールを塗ること、糖度の高いシロップを塗

しっとりケイク

ること、バターを多く使うこと、これらすべてがその役目を果たしています。もちろん、よりしっとりさせ、洋酒の風味も一緒に味わえる効果も同時にあります。

洋酒と水を粉糖に加えて溶いたグラサージュも同じく、風味とともにしっとりとした生地にシャリシャリとした違った食感を加えることで、おいしさを引き立てます。

29 ケイクなどの生地作りに加える洋酒、でき上りに塗るシロップに加える洋酒は、何を基準に決めるといいのでしょうか。具材との組合せでしょうか。

具材を生かせる相性のいい洋酒を使います。例えば、柑橘系の具材（オレンジ、アプリコットなど）を使ったケイクにはコアントローを、レーズンを使ったケイクにはラム酒がしっくりくるのではないでしょうか。ほかにもいろんなリキュールがありますが、柑橘系の具材で作るお菓子には、コアントローが幅

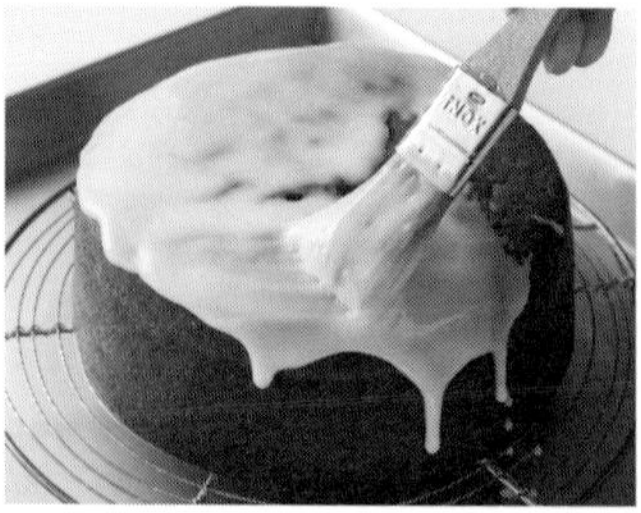

広く役立ってくれるでしょう。

具材と合わせるときは、直接加えて混ぜ合わせて使いますが、焼上りの生地に塗るときは、糖度の高いシロップと合わせて使うとアルコールの強さが和らぎます。

30

ドライフルーツやフルーツのピールを混ぜた生地は、焼き上がったときのきめが粗く感じられるのですが、混ぜ方に原因があるのでしょうか。

ドライフルーツは、できるだけ細かく刻んで加えるようにすると、生地のきめが整ってきます。また粉を入れた後の混ぜ方が足りないと、生地の中に余分な空気が残り、焼き上げたときに粗い生地になります。粉は粒子ですから、ふるいにかけながら加えるときに空気を一緒に入れてしまうのです。練り混ぜるときには、空気を抜くような感じで、へらを動かします。

四つの材料がしっかりつながっている生地は、焼いている間も細かい気泡が絡み合っているので、中に入れる具材も同じ状態にすれば、細かい泡の中で一体となり、きめが細かく整ったお菓子ができるでしょう。

？ 31

フルーツケーキを焼いたとき、ドライフルーツが底のほうにたまってしまいます。また、あんずやプルーンを上にのせてオーブンに入れたのですが、たちまち沈んでしまいました。何か工夫はありますか。

ドライフルーツが底にたまってしまう場合も、生地に混ぜ込むドライフルーツは、生地になじむように練り混ぜることが大切です。そのためには、ドライフルーツはできるだけ細かく刻んで加えること、また大ぶりのドライフルーツはそのままでは無理があるので半分にカットして、生地をオーブンに入れて10分ほど焼いてから上にのせるといいでしょう。

焼き上げた後、ナパージュを表面に塗ってデコレーションするのもいいのではないでしょうか。

32

パウンドケーキの生地をボウルから型に入れるとき、へらからこぼれてしまい、うまく入れることができません。どこを注意すればいいでしょうか。

右利きの人は右手で生地をすくおうとしますが、右のてのひらに生地をのせようとすれば、こぼれることはありません。左手に持つボウルを傾けて、中の生地を右のてのひらに置くイメージです（左利きの人はその逆）。極力右手の動きを止めるようにすると、不思議に生地がこぼれることはなくなり、型にきれいに入れることができます。

33

ケーキ、ケイク、ケーク、パウンドケーキ、バターケーキ、いずれもバターを使ったしっとりしたタイプのケーキを表わしているのでしょうか。

ケーキという呼び名は、日本ではとても広い範囲の洋菓子全般に使いますね。

ケイクとケークは同じ意味で、音の響きが人によって違うように聞こえるのでしょう。例えば、キャトルカールとカトルカールのように、どちらも同じとかしバターで作る焼き菓子のことで、私はキャトルカールと呼ぶほうが好きなのでそう書いています。ケイク、ケーク、パウンド、バターケーキは、バターが主役の焼き菓子の総称として使われることが多いのではないでしょうか。私はケイクと呼び、この本でも使っています。いずれにしても決りはありませんので、分かりやすい伝え方を選んでみてください。

? 34

メレンゲで作る焼き菓子を気に入っています。ガトー・ショコラやメレンゲで作るキャトルカールを型から出し、まわりの紙をはがしてしばらくすると、くびれてしまうのはどうしてでしょうか。メレンゲの泡立て方に問題があるのでしょうか。

生地に問題があるわけではなく、むしろしっとり感を残した生地に仕上がっています。重い素材を支えられる力を持った、より強いメレンゲを作ると、よりきれいな形になるでしょう。メレンゲは深型ボウルを用意して、ハンドミキサーで作ることをおすすめします。泡立てた卵白は、動きを止めることで離水します。手で泡立て続けるのは大変なのでハンドミキサーを利用し、メレンゲの泡が常に動いている状態を作ることで、きめが細かくつややかでしっかりしたメレンゲを作ることができるでしょう。

35

メレンゲで作るキャトルカールを焼き、型から出してからしばらくすると、中央がくぼんでしまうのですが、なぜでしょうか。

メレンゲの力が弱く、油脂の多い生地を支える力が足りないことが考えられます。油脂の多い生地にはメレンゲの細かい泡がしっかりまとまっていることが欠かせません。砂糖の多いメレンゲは強く安定します。

もう一つ、焼き足りないことも考えられます。時間どおりではなく、竹串を刺して焼きぐあいをチェックしたとき、ねっとりした生地がついてくるようであれば、まだ焼けていないので注意してください。

メレンゲで作る塩キャラメルのキャトルカール

前のプロセスで紹介した塩キャラメルのキャトルカールは、全卵で作るレシピでしたが、メレンゲで作るとよりいっそうふんわり感が味わえて、さらにかがくを深めることができますよ。

2回に分けて加えるメレンゲは、それぞれ違う意味があります。1回目のメレンゲは、たっぷりの粉が入るとき、水分と出合って出る嫌なグルテンを防ぎます。お菓子作りでは、次の工程のために前の工程がある、と考えてください。次に加えるたっぷりの粉（次の工程）を受け入れるため、しっかり泡立てたメレンゲ（前の工程）が大きな器となって待ち構える。メレンゲの層が粉を包み込み、最後まで悪さをするグルテンを出さないようにするのです。そして2回目に加えるメレンゲは、粉の多い重い生地をしっかり支えて持ち上げる、ふんわり感を出す役目を果たします。この究極のメレンゲは、フランス人では思いつかないであろう、日本の風土だからこそのレシピだと思います。メレンゲ版の塩キャラメルのキャトルカールも、ぜひ感じながら作ってみてください。

しっとりケイク

塩キャラメルのキャトルカール〈メレンゲ版〉

（直径18cmのスポンジ型　1台分）

★下準備

・スポンジ型の周囲内側にベーキングシートを、底に紙を敷いておく。

・粉類はふるいにかけておく。

★キャラメル

グラニュー糖………60g

水………20mℓ

生クリーム………60mℓ

❶鍋にグラニュー糖と水を入れて中火にかけ、砂糖が溶けて濃いキャラメル色になったら火を止めて、生クリームを加え混ぜる。

★生地

卵黄………３個分

グラニュー糖………60g

キャラメル………120g（①のでき上り全量）

卵白………３個分

グラニュー糖………120g

薄力粉………180g

ベーキングパウダー………小さじ1

塩………小さじ½

バター………180g

❷ボウルにバターを入れ、湯せんにかけておく。

❸大きめのボウルに卵黄を入れてほぐし、グラニュー糖を加えて白っぽくもったりするまで泡立て、①のキャラメルを加えて混ぜ合わせる。

❹深型のボウルに卵白を入れてハンドミキサーで泡立て、グラニュー糖を２回に分けて加え、弾力のあるメレンゲを作る。

❺泡立て器で大きくひとすくいした④のメレンゲを③に加えてさっくり混ぜ、粉類の半量をふるいながら加えて、ゴムべらで混ぜ合わせる。

❻②のとかしバターの半量を加えてゴムべらで混ぜ、残りの粉類、バターの順に加えて混ぜ、最後に残りのメレンゲを加えて生地が均一になるまで混ぜ合わせる。

❼準備したスポンジ型に生地を入れ、170℃に温めたオーブンで約50分焼く。

★シロップ

水………100mℓ

グラニュー糖………100g

コアントロー………30mℓ

❽鍋に水とグラニュー糖を入れて中火にかけ、沸騰させる。冷めたら30mℓを量り、コアントローを加えて混ぜる。

❾⑦が焼き上がったら型から取り出して網にのせ、熱いうちにシロップをはけで塗る。

★グラサージュ

粉糖………110g

水………15mℓ

コアントロー………15mℓ

★他に

フラワーソルト………適量

❿ボウルにふるった粉糖を入れ、水とコアントローを合わせて加え、ゴムべらでよく混ぜ合わせてグラサージュを作る。

⓫熱の取れた⑨の上面にグラサージュをたっぷり塗り、表面が乾かないうちにフラワーソルトをふりかける。

さっくりタルト

縁のないタルト

タルトには、縁《ふち》のある皿状のパート・シュクレ（シュクレ生地）がつきもの、と思い込んでいました。ところがあるとき、人によってそれが邪魔になる、ということに気づかされたのです。そこでセルクルを使ってかたい縁をなくしたところ、クレーム・ダマンドが金属に直接触れてしっかり焼き上がることで香ばしく焼けつつも、しっとりした食感を併せ持つタルトが生まれました。まさにつまずきから生まれた工夫の味。一口ほおばったときの印象はぐんと優しい食感になり、底のシュクレ生地はよりさくさくと感じられて、一段とおいしくなりました。さっくりタルトとはいうものの、実はクレーム・ダマンドが軽やかでしっとりと仕上がり、底のパート・シュクレがよりさっくり感じられるのです。

上にのせる具材に合わせてクレーム・ダマンドをアレンジすれば、さらに楽しくなります。私のお気に入りのタルトに、ドライフルーツのシロップ煮をたっぷりのせて焼いた「おばあちゃまのタルト」がありますが、これはフランス料理からヒントを得ました。色とりどりの気取らない素材がプレートにのった、グランメール風（おばあちゃま風）の家庭料理をタルトに表わしたかったのです。クレーム・ダマンドには相性のいいラムレーズンを細かく刻んで混ぜ込み、仕上げにはいりごまをぱらぱらと散らして、キャンバスに絵を描くようにタルトのデザインを楽しみました。基本のシュクレ生地とクレーム・ダマンドがきちんと作れたら、円いタルトを上から眺めて、あなたのイメージどおりのタルトを作ってみてはいかがでしょう。

土台のパート・シュクレ（シュクレ生地）

空焼きしたパート・シュクレは、クッキーと同じく細かい空洞がいっぱい。当然湿気やにおいを吸ってしまい、さっくりタルトのイメージが崩れてしまうこともあります。例えば、ショコラやフランボワーズのように強い香りを放つ素材を使ったムースなどが冷蔵庫の中の隣にあるだけで、そのにおいが移ってしまうのです。タルトは冷蔵庫に入れず、室温でおいしいうちにいただきましょう。

またパート・シュクレを作るときの注意として、バターに粉糖を合わせるとき、余計な空気を入れないよう練り混ぜます。さらにたっぷりの小麦粉は、卵がつなぎ役になり、しっかり練り混ぜることで、焼いたとき、さっくりとした食感を作ります。そこにクレーム・ダマンドを敷き込んで焼くのですから、オーブンの中でいち早くとけ出すバター、砂糖、そしてアーモンドのうまみを細かい空洞がすべて受けて、なんとも上等なさっくり生地になるのです。パート・シュクレを空焼きすることで、味わいに深みが増すと思います。

敷き込むクレーム・ダマンド

クレーム・ダマンドは、キャトルカールと同じく四つの材料が同量で作られるもので、この割合はどの国でも同じで、作り方次第でよしあしが決まります。クレーム・ダマンドは、キャトルカールの小麦粉がアーモンドパウダーに入れ替わっただけですが、素材の特徴を知って作ると、望みの食感のお菓子にでき上がります。フランスでは四つの材料をボウルの中でただ混ぜ合わせるだけという簡単な作り方ですが、それでもフランスで食べると、とてもおいしく感じられました。しかし、湿度の高い京都で同じように作っても、誰もおいしいとは言ってくれませんでした。甘ったるく、脂っぽく、重いという感想が多かったのです。そこで工夫！　クレーム・ダマンドもパウンドケーキと同じように、バターと卵がつややかにつながってからアーモンドパウダーを混ぜ合わせて焼くと、しっとり感によって優しい印象のタルトになりました。

ラムレーズンやチェリージャムを加えて味のバリエーションを楽しんだり、栗あんや白あんを加えることで、しっとりにほっくりがプラスされ、まるで和菓子のような食感を味わえるタルトも可能になります。

組立てのバリエーション

タルトにのせて焼くドライフルーツや木の実も、一工夫でよりおいしく仕上がります。ドライフルーツは甘煮にすることでやわらかく、口当りもよくなります。木の実は前もって香ばしく焼くことで、アーモンドパウダーからなるクレーム・ダマンドとの相性もよくなります。上にのせる具材が決まったら、クレーム・ダマンドに混ぜ込む具材も浮かんでくるでしょう。あれこれアレンジや組合せに考えをめぐらせるのは、タルト作りの楽しみの一つ。クレーム・ダマンドの中に練り混ぜる具材は、できるだけ細かく刻んでください。焼き上がったクレーム・ダマンドのきめも細かくなり、ケイクを作るときと同じく、しっとりソフトに仕上がります。また木の実は、クレーム・ダマンドの上にのせて一緒に焼くのだからと、控えめな焼き方になりがちですが、クレーム・ダマンドを焼くと水蒸気が出るので、上にのせる木の実はしっかり香ばしく焼いておかなければなりません。縁がなくクレーム・ダマンドがしっかり焼けたタルトは、カットもきれいにできるので、たくさんの種類のタルトを作って、盛り合わせても楽しいですよ。

さっくりタルト

さあ、作りましょう！

田舎風りんごのタルト
おばあちゃまのタルト　★レシピは113ページ

セルクルで焼く縁のないタルト。
一口ほおばった印象はぐんと優しい食感です。
底のシュクレ生地はよりさくさくと感じられ、
一段とおいしくなりました。
タルトはしっかり焼ききる、が身上。
ほろほろと崩れるさっくり感は
混ぜ方が大切なこともお忘れなく。

田舎風りんごのタルト（直径18cmのセルクル　1台分）

★下準備

・粉類はふるいにかけておく。

★シナモン風味のクランブル

アーモンドパウダー………30g
薄力粉………30g
シナモンパウダー………小さじ1
三温糖………30g
バター………30g
❶ボウルにすべての材料を入れて混ぜ合わせ、バターに粉をまぶしつけながら指先で細かくちぎり、ほぐしながらそぼろ状にする。

★りんごのマーマレード

りんご………大1個
グラニュー糖………20g
レーズン………30g
❷りんごは皮をむき、芯を取って16等分にし、いちょう切りにする。ボウルに入れてグラニュー糖を加え、混ぜ合わせる。鍋に移して中火にかけ、煮えてきたら弱火にし、煮汁がなくなるまで煮る。レーズンを加えて混ぜ合わせる。

★パート・シュクレ(作りやすい分量)

バター………120g
粉糖………100g
全卵………½個分
バニラオイル………適量
薄力粉………200g
❸室温でやわらかくしたバターをボウルに入れ、粉糖を2回に分けて加え、へらでよく練り混ぜる。
❹とき卵とバニラオイルを加えて混ぜ、大きめのボウルに移し替える。
❺薄力粉をふるいながら加え、生地がしっかりつながり、まとまるまで混ぜ、ラップフィルムで包み、冷蔵庫で1時間以上ねかす。
❻打ち粉をしためん台で⑤をもみ直し、生地180gをめん棒で3㎜の厚さにのばす。ベーキングシートを敷いた天板に広げてセルクルで抜き、余分な生地を取り除いてピケする。セルクルをつけたまま、180℃に温めたオーブンで約15分空焼きし、そのまま熱を取る。

★クレーム・ダマンド

バター………60g
粉糖………60g
全卵………1個
ラム酒………5㎖
バニラオイル………適量
｜アーモンドパウダー………60g
｜薄力粉………10g
❼室温でやわらかくしたバターをボウルに入れ、粉糖を数回に分けて加え、ふんわりするまで泡立てる。
❽とき卵を2回に分けて加え混ぜ、ラム酒とバニラオイルで風味をつける。
❾粉類をふるいながら加え、練りへらで切り混ぜてから、しっかり練り混ぜる。

★他に

グラニュー糖………適量
粉糖………適量
❿熱の取れた⑥の上に⑨のクレーム・ダマンドを平らに敷きつめる。
⓫②のりんごを縁2㎝ほどを残して全体に広げ、その上に①のクランブルを均一に置き、グラニュー糖をふりかける。180℃に温めたオーブンで約35分焼く。

⓬焼き上がったらセルクルを外し、熱が取れたら粉糖を軽くふりかける。

具材の下準備をする

ドライフルーツや木の実など味のバリエーションを楽しみましょう。

【田舎風りんごのタルトの場合】

クランブルを作る

同量のアーモンドパウダー、薄力粉、三温糖、バターにシナモンパウダーを加え、混ぜ合わせる。

シナモン風味のクランブルのでき上り

バターに粉をまぶしつけながら指先で細かくちぎり、そぼろ状にする。タルトの上にたっぷりのせるクランブルは、りんごの甘煮と相性のいいシナモン風味。

? 55

りんごのマーマレードを作る

いちょう切りにしたりんごにグラニュー糖を加え、水分がなくなるまで煮てから、レーズンを加えておく。

【おばあちゃまのタルトの場合】

ドライフルーツの甘煮を作る

ドライあんず、いちじく、プルーンはシロップでやわらかく煮る。いちじくは半割りに。ドライフルーツの甘煮をのせた後、すきまを埋めるように香ばしく焼いたアーモンドやヘーゼルナッツを。**【私の工夫7】**

? 58

1 生地（パート・シュクレを作る）

タルトの土台になるパート・シュクレは、バターと粉糖を練り混ぜ、余分な空気を入れないようにします。

バターをポマード状にして練り混ぜる
バターをボウルに入れて室温におき、つやが出るほどにやわらかくしておく。

粉糖を2回に分けて加える
ポマード状にしたバターをよく練り、粉糖を2回に分けて加える。

余分な空気が入らないように練り混ぜる
そのつどできるだけ空気が入らないように、バターと粉糖をへらで練り混ぜる。

？ 39

とき卵とバニラオイルを加える
とき卵とバニラオイルは一緒に加え、練りへらでまず切り混ぜて均一にしてからまとめる。

混ぜ合わせたら、大きめのボウルに移し替える
卵がなじむまで混ぜる。混ぜすぎると空気が入るので注意。

たっぷりの小麦粉は、卵がつなぎ役になり、しっかり練り混ぜることでさっくりとした食感を作ります。

薄力粉をふるいながら加える

たっぷりの粉は2回に分けてふるいにかけることで軽くなり、次の作業がしやすくなる。

切り混ぜて、ほぐす

たっぷりの粉が全体にまんべんなく行き渡るように、充分に切り混ぜてほぐす。

均一になるまでフレゼする

まとめた生地をへらで少しずつボウルの底に押しつけるようにし、粉っぽさがなくなるまで練る。

生地をひとまとめにする

一つにまとまり、しっかりつながった生地は、手にくっつかなくなる。

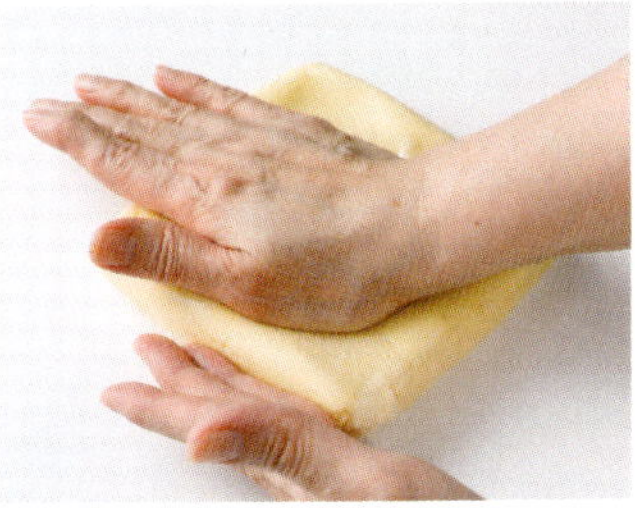

ラップフィルムで包み、冷蔵庫でねかす

生地を包むときは、四隅の空気を抜くように押さえて四角くかたどり、冷蔵庫で1時間以上ねかす。

2 成形（パート・シュクレを空焼きする）

セルクルで焼くパート・シュクレ。二度焼きで深い味わいのタルトに。

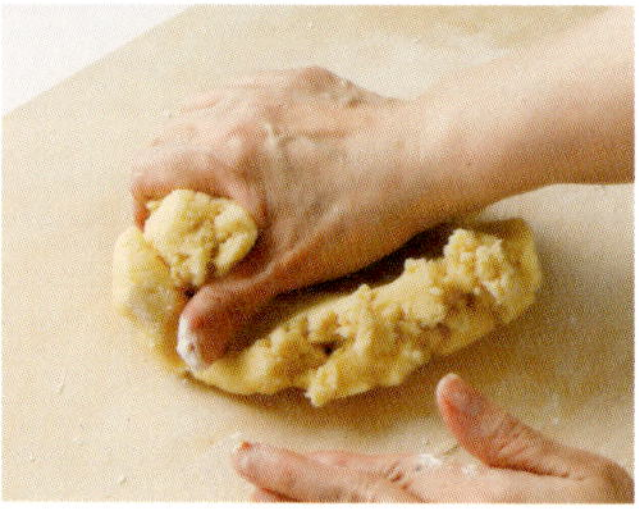

冷蔵庫でねかした生地をもみ直す

打ち粉をしためん台に生地を細かくちぎってからまとめ、もみ直してやわらかくする。

約180gの生地を3㎜の厚さにのばす

もみ直した生地180gを打ち粉をしためん台に置いて、円くのばす。

セルクルで抜き、余分の生地を取り除く

ベーキングシートを敷いた天板に生地を広げ、セルクルを置いて上から押さえ、まわりの余分な生地を取り除く。

フォークで全体にピケし、オーブンへ

熱で溶け出したバターで生地が浮き上がらないよう、ピケはできるだけしっかりしておく。

焼き上がったら網にのせ、冷ます

セルクルをつけたまま180℃に温めたオーブンで約15分焼いた後、そのまま冷ます。

? 36

3 クリーム／クレーム・ダマンドを作る

バターにたっぷりの空気を抱き込ませ、卵とつややかにつなぎます。

泡立てたバターに粉糖を加える

粉糖を数回に分けて加え、そのつど空気を抱き込ませるようにふんわりさせる。

? 39

とき卵を2回に分けて加える

最初の卵は多めに加えて、泡立て器でよく混ぜ、つややかにつないでおくことが大切。

ラム酒とバニラオイルで風味をつける

残りの卵、ラム酒、バニラオイルを一緒に加えて混ぜ合わせる。

粉類をふるいにかけながら加え混ぜる

まず切り混ぜて粉類とバターを均一にしてから、練り混ぜる。

つややかなクリームのでき上り

へらでボウルの底に押しつけるようにして、つややかになるまで練り混ぜる。

4本焼き／組み立てて焼く

りんごと相性抜群、シナモン風味のクランブルをのせてさっくり焼き上げます。

クレーム・ダマンドを3か所に置く

空焼きして熱の取れたパート・シュクレにクレーム・ダマンドを置く。

クレーム・ダマンドを全体に広げる

練りへらでクリームが全体に行き渡るようにならす。

カードで表面を平らに敷き込む

カードの直角の角をセルクルに当てて平らにする。カードを持つ手と逆方向に片方の手で天板を回すときれいに仕上がる。

? 38

りんごのマーマレードを置いて、全体に広げる

りんごのマーマレードを中央に置き、フォークの先を使って全体に広げる。

クランブルをたっぷりのせ、グラニュー糖を軽く散らす

シナモン風味のクランブルを全体にたっぷりのせ、グラニュー糖を軽くふりかけて、180℃に温めたオーブンで約35分焼く。

? 37

［おばあちゃまのタルトの場合］

4本焼き／組み立てて焼く

ラムレーズン入りクリームと
やわらかく煮たドライフルーツの一体感を味わいましょう。

細かく刻んだラムレーズンを加える

でき上りのクレーム・ダマンドにラムレーズンをごく細かく刻んで加えることで、クリームのきめがこまやかに仕上がる。

47

ラムレーズン入りクレーム・ダマンドのでき上り

練りへらで均一になるまで練り混ぜる。混ぜすぎないように注意。

ラムレーズン入りクレーム・ダマンドを敷き込む

「田舎風りんごのタルト」と同様に平らに敷き込む。

ドライフルーツの甘煮を彩りよく盛る

色合い、食感を考慮して全体にバランスよく置く。

45

木の実をところどころに置く

香ばしく焼いた木の実はすきまを埋めるように。こうすることでクレーム・ダマンドが浮き上がらず、きれいに焼き上がる。

45
58

5 仕上げをする

焼き上がったらセルクルを外し、熱が取れたら美しく仕上げましょう。

【田舎風りんごのタルトの場合】

焼き上がったら、セルクルを外す

セルクルは熱いうちに外す。指が動く軍手などをして持ち上げるようにする。

熱が取れたら網にのせ、粉糖をふりかける

熱が残っている間は、底生地がやわらかく落ち着いていないので、冷めてから網に移す。

【おばあちゃまのタルトの場合】

熱が取れたら網にのせ、アプリコットナパージュを塗る

ナパージュはマグカップに入れ、電子レンジで充分に温めてやわらかくし、はけで丁寧に塗る。すきまを埋めるように塗っておくとカットしやすい。

いりごまをふりかける

ナパージュが乾かないうちにいりごまをふりかける。

? 53

おばあちゃまのタルト（直径18cmのセルクル　1台分）

★下準備

・粉類はふるいにかけておく。

★ドライフルーツの甘煮

ドライフルーツ(あんず、いちじく、プルーン)………約300g
グラニュー糖………100g
水………200mℓ
バニラビーンズ………½本
❶ 鍋にグラニュー糖と水を入れて火にかけ、沸騰したらドライフルーツとバニラビーンズをさやごと加える。ときどき混ぜながらやわらかくなるまで煮る。火から外し、冷めたらざるに上げ、水気をきる。

★ラムレーズン

レーズンの甘煮(「ラムレーズンのマドレーヌ」82ページ参照)………40g
ラム酒………15mℓ
❷ ボウルにレーズンの甘煮を入れ、ラム酒を加えてラップフィルムをかけて30分ほどおき、みじん切りにする。

★パート・シュクレ(作りやすい分量)

バター………120g
粉糖………100g
全卵………½個分
バニラオイル………適量
薄力粉………200g
★田舎風りんごのタルト(104ページ)の❸〜❻と同様に作る。

★ラムレーズンのクレーム・ダマンド

バター………60g
粉糖………60g
全卵………1個
バニラオイル………適量
｜アーモンドパウダー………60g
｜薄力粉………10g
ラムレーズン………40g(②のでき上り全量)
❼ 室温でやわらかくしたバターをボウルに入れ、粉糖を数回に分けて加え、ふんわりするまで泡立てる。
❽ とき卵を2回に分けて加え混ぜ、バニラオイルで風味をつける。
❾ 粉類をふるいながら加え、練りへらで切り混ぜてから、しっかり練り混ぜ、②のラムレーズンを加えて混ぜる。

★他に

木の実(アーモンド、ヘーゼルナッツをローストしたもの)………適量
アプリコットナパージュ………適量
いり白ごま………適量
❿ 空焼きして熱の取れたパート・シュクレの上に⑨を平らに敷きつめる。
⓫ ①のドライフルーツの甘煮を全体に彩りよく置き、香ばしく焼いた木の実を散らして、180℃に温めたオーブンで約35分焼く。
⓬ 焼き上がったらセルクルを外し、熱が取れたらアプリコットナパージュを塗り、いり白ごまをふりかける。

さっくりタルト

作り方Q&A

36

パート・シュクレを空焼きする場合は、二度焼くので表面に薄く焼き色がつく程度がいいのでしょうか。

せっかくの二度焼きも、しっかり焼かなければさっくりした食感は望めません。特にクレーム・ダマンドをのせる上面は、しっかり焼いておくことが大切です。クレーム・ダマンドは焼いている間に、素材のうまみと同時に水分も出すことを計算に入れ、しっかり焼いておきましょう。底の面はより濃く焼けますが、バターや木の実の油脂がたっぷりのタルトは、少々焼きすぎても苦く感じることはありません。

37

タルトの中心がなかなか焼けず、取り出してしばらくすると縮んだようになるのですが、何か工夫することはありますか。

熱は金属のセルクルにいち早く伝わるため、クレーム・ダマンドはまわりから固まりはじめ、中央に水分が集中します。まわりは香ばしく焼けているにもかかわらず、中心が焼けるまでには時間がかかるのです。全体に平均的な熱を行き渡らせる工夫として、ケイクを焼くときの工夫と同じく、途中で同じ大きさの天板でふたをします。水蒸気の熱を閉じ込めることで全体が蒸焼き状態になり、まんべんなく熱が行き渡ってさっくり、しっとりと焼き上がります。

38

クレーム・ダマンドを平らに敷き込むことが難しく、中央が山になるのですが、どのようにすれば平らにできるでしょうか。

中央に置いたクレーム・ダマンドを、へらをねかすようにして縁にたっぷり広げます。次に、ねかしたへらを立てるようにして生地の表面に当て、力を抜いて手前のほうに生地を集めるようにします。そのとき、片方の手で天板を反対方向に回転させると、左右の手のバランスで中央だけが高くなることはありません。気持ち縁を高く、中央を低くするように心がけ、最後はカードを使って表面を平らにならしてください。

?39 パート・シュクレとクレーム・ダマンドの生地作りで、バターをどのように扱うといいのでしょうか。それぞれはどのように違うのでしょうか。

パート・シュクレは焼くことで空洞ができ、湿気やにおいも吸いやすくなります。また、もろく壊れやすくなるので、バターに粉糖を混ぜる際には余分な空気が入らないように、泡立てず練り混ぜるようにします。

逆にクレーム・ダマンドのバターは、粉糖を加えながらできるだけ空気を抱き込ませるように泡立て、次に加える卵を受け入れやすい状態にしておくことが大切です。扱いとしては、全く逆ですね。

40 パート・シュクレは成形後、パイ生地のように冷凍室などで休ませるべきでしょうか。すぐに焼いても縮まないのでしょうか。

パート・シュクレは小麦粉にバターが練り混ざった状態。焼くと横に広がるバターの力が働き、広がろうとはするもののパイ生地のように縮むことはありません。ただし、焼きすぎることで縮むことはあります。冷蔵庫や冷凍室で休ませることで、扱いやすくなります。また、水蒸気を抜きやすくするためのピケ（フォークで穴をあける）も忘れないように。

41 クレーム・ダマンドを多めに作りおきすることはできますか。

冷蔵庫で保存している間、卵は下へと移動し、分離が始まります。混ぜ合わせた素材は少しずつかがく変化を起こしているのです。冷蔵庫で保存した場合は、使うときにまず室温にしばらくおいてから練り混ぜるようにしてください。卵が冷やされて分離しやすくなっています。できれば、空焼きしたパート・シユクレの台にクレーム・ダマンドを敷き込んだ状態で、冷凍保存されるのをおすすめします。

42

タルトを焼いた後、天板のシートの上にたっぷりの脂がにじみ出ていることがあるのはどうしてでしょうか。

クレーム・ダマンドを作るときにバターと卵が分離すると、どうしても油脂が外に出やすくなります。クレーム・ダマンドの粉類はほとんどがアーモンドで、熱を加えるとバターと同時に木の実の油も出ます。クレーム・ダマンドのプロセスはケイクと同じで、バターと卵がつややかにつながったうえで、アーモンドパウダーを混ぜ合わせるようにしてください。

43

キッシュやレモンクリームなど水分の多いアパレイユを流し込んで焼くタルトの土台に、パート・シュクレを利用できますか。

パート・シュクレはバターを練り込んだ生地ですから、焼き上がる生地は空洞がたくさんできている状態。水分の多いアパレイユはそこにしみ込み、焼き固まる前に水分が生地全体に回って食感が悪くなってしまいます。バターを練り混ぜることのないパート・ブリゼやパート・フィユテが向いています。

44

具材を上にのせて焼いたタルトはカットするのが難しいのですが、きれいにカットする方法はありますか。

焼き上がったタルトにナパージュを塗るとき、できるだけ丁寧にすきまができないように塗ります。表面が乾いたら、熱湯につけたペティナイフでカットします。ナイフの先を立てるようにし、タルトの中心から外に向かって、放射状に具材とクレーム・ダマンドの部分に切込みを入れます。その後、刃先を中心に当てるようにして、切込みに沿ってナイフを入れ、上から押し切るようにすると、きれいにカットできます。

？45

タルトを焼いたときに、クレーム・ダマンドの上にのせた洋梨や栗が沈んでしまうのは、何が原因でしょうか。

クレーム・ダマンドは粉類を混ぜた後も、さらにしっかり練り混ぜることが大切です。オーブンで焼いている間は、まとまった生地が常に水蒸気を出し、泡状になっているため、上にのせた具材はどうしても沈みがちです。アーモンドパウダーを加えた後は、余分な空気を抜くようにしっかり練り混ぜておくと、具材が沈むことなく焼き上がるでしょう。

また、クレーム・ダマンドを敷き込んだ上にのせるコンポートのフルーツや栗は、1か所に固めることなくバランスよく並べたり、細かくして全体にすきまができないようにすることもポイントです。

？46

空焼きしたパート・シュクレが、セルクルよりかなり縮んで焼き上がるのですが、生地作りに問題があるのでしょうか、それとも焼き方でしょうか。また、そのままクレーム・ダマンドを敷き込んでもいいのでしょうか。

焼縮みが考えられますが、成形する前の生地が1番生地（初めて成形する生地）と2番生地でも違ってきます。成形するときに使う打ち粉（強力粉）が混ざり、再びそれを2番生地として何度か使うたび、小麦粉の量が増え、練り混ぜるたびにグルテンが生じ、焼くと縮むことがあります。焼きすぎによる縮みはよくありますが、表面に焼き色がつくまでしっかり焼いたほうが、食感もよくなります。また、上にのせるクレーム・ダマンドは、焼くと形ができるので、セルクルの間から少々流れ出すこともありますが、恐れず焼き縮んだすきまを埋めるように敷き込んでください。

47

クレーム・ダマンドにラムレーズンを練り混ぜていると、急にゆるくなり水っぽくなったのですが、これは混ぜすぎでしょうか。

まずクレーム・ダマンドをしっかり練り混ぜてから、ラムレーズンを加えるようにしてください。その際もへらで練るようにして混ぜ合わせます。また、ラムレーズンはできるだけ細かく刻んでペースト状にして加え、練り混ぜるようにします。切り混ぜたり、必要以上に混ぜると分離しやすくなります。

48

クレーム・ダマンドのアーモンドパウダーに小麦粉を加える配合と、アーモンドパウダーだけで作る配合がありますが、どのような違いが出るのでしょうか。

バター、砂糖、卵、アーモンドパウダーを同量で混ぜ合わせたものがクレーム・ダマンドです。アーモンドパウダーは、小麦粉と違い、焼くと木の実の風味とこくが味わえますが、同時に油脂分が強く出ます。小麦粉が入ることで、それを吸収し、他の材料ともつながり、結果しっとり焼き上がります。特に夏に作るタルトは油脂が多く感じられるので、小麦粉を加えると和らぐでしょう。

パート3
補足だけれど
役に立つ
ポイント

私の工夫10

1 二つのボウルを使い分ける

バターを混ぜるときや卵黄を乳化する場合、コンパクトな動きで回転数を増やす効果的な泡立てをしてから、大きめのボウルに移し、粉などを加えて大きな動きで仕上げることで理想的な生地作りができます。

2オーブンミトンより軍手

オーブンから天板を取り出したり、型から生地を取り出すときにおすすめなのが軍手。二枚重ねにすれば熱くなく、でき上りのお菓子をきれいに取り出すことができます。何より指が自由自在に動きます。クグロフ型のようにオーブンミトンでは持ちにくいものでも作業が楽です。

3クグロフ型の下準備

生地が型からきれいに抜けるようにバターを塗り、粉をまぶして冷蔵庫に準備しておきます。クリーム状にしたバターを型の内側にはけでまんべんなく塗り、型の上まで薄く丁寧に塗ることで、生地が焼き上がったときにすべりがよく、生地がスムーズに動いてきれいに取り出せます。

私の工夫10

4 ふきんの工夫

整った環境のもとでは、自然と一つずつの動きが丁寧になり、お菓子も美しく仕上がるというもの。常にそばにふきんを用意して、清潔を保ちながら作業しましょう。

クリームや粉など白い汚れには白いふきんを、チョコレート系のお菓子を作る場合は茶色いものを使うようにすると、ふきんの汚れが必要以上に目立たないので、気持ちも落ち着きます。

また、泡立てたり混ぜたりする際にボウルがすべらないよう、固く絞ったぬれぶきんをボウルの下に敷きます。すべりにくいだけでなく余計な力が入りません。冬場など空気が冷たいときは、ぬれぶきんも冷たくなり、ボウルの中のバターが冷えてかたくなります。そんなときは、熱い湯につけて絞ったふきんを下に敷いてバターをゆるめると、作業がしやすくなります。

5 道具、器具をかたづけながら作業する

作業中、視界に入るものが乱雑にならないよう使ったものはまとめて、作業性を高めましょう。

例えばケイクを作るとき、バターに砂糖を加えて混ぜ合わせることから始めますが、卵の入っていた器、具材の器、粉類の器と、加え終えた空の器など視界に入ってくるものが増えてくると、作業も雑になりがちです。

また、粉類を加えて空いた器の中に砂糖の空いた器を入れ、卵の入っていた器の中に具材の入っていた器を入れるというふうに、乾いた器とぬれた器を別にして重ねておくことも、丁寧なものづくりのポイント。

泡立て器やへらなども、使い終えるつど、汚れた部分を下にしてポットに入れ、かたづけながら作業することで、理想のお菓子作りができるようになるでしょう。

私の工夫 10

6メレンゲ用の合せ砂糖

私は上白糖をよく用いますが、メレンゲの砂糖といえば、一般的にはグラニュー糖を使用します。さらさらしていて加えやすいのですが、砂糖が溶け込む前に卵白が先に泡立つと、安定したメレンゲは望めません。メレンゲ用に上白糖とグラニュー糖を同割で混ぜ合わせた砂糖なら、加えやすく、溶けやすいのと、固まることもありません。グラニュー糖と上白糖のよいところを併せ持つ砂糖を用意しておくと便利です。

7シロップは2種類を使い分ける

シロップは主に焼き上がった生地に塗って、しっとり感を与え、乾燥を防ぎます。私はふんわり軽いスポンジ生地や、ドライフルーツなどをやわらかく煮るときには糖度の低いシロップAを、バターたっぷりのケイクに塗るときにはシロップBを、と使い分けています。

★シロップA
水　100ml
グラニュー糖　50g

★シロップB
水　100ml
グラニュー糖　100g

8 生クリーム（またはガナッシュクリーム）の泡立て2段階活用

私は六分立てと八分立てを使い分けるようにしています。

六分立ては、泡立て器ですくったときにとろとろとして、泡立て器に引っかかるとはいえすぐに落ちる状態。ムースやババロワにはその状態で使います。

ロールケーキのクリームなどのようにきれいな形に仕上げるためには、クリームもある程度のかたさが必要です。あらかじめクリームを六分立てにして冷蔵庫に入れておき、使う直前に八分立てにして使います。

私の工夫10

9湯せんの活用

焼き菓子を作るときは、バターと卵をつなぐことに神経をつかいますが、まず湯せんを用意して湿度を上げ、換気扇やエアコンの風で素材が冷えないように気をつけましょう。泡立てたバターをゆるやかな状態に保って分離させないため、次に加える卵を、前もって湯せんで温めながらほぐすなどの工夫にも使います。

10バターの準備

パウンドケーキなどを作るときに使う泡立てバターは、室温に戻したバターをハンドミキサーや卓上ミキサーでふんわり泡立て、清潔な容器などに入れて冷蔵庫に入れておきます。空気が入っているので長期保存はできませんが、少ない量のバターを使いたいときなど、早く室温に戻るので、必要な分だけ量り取れば、常にお菓子作りが楽しめます。

また、とかしバター用にさいころ状にして準備しておくのもたいへん便利です。例えば、1ポンドのバターを6等分の板状にカット。それを立てて4等分の棒状にする。その1本をねかして4等分のさいころ状にすると、さいころ1個は約5グラムになります。フロールやシフォンケーキのとかしバターの計量もこれなら簡単です。

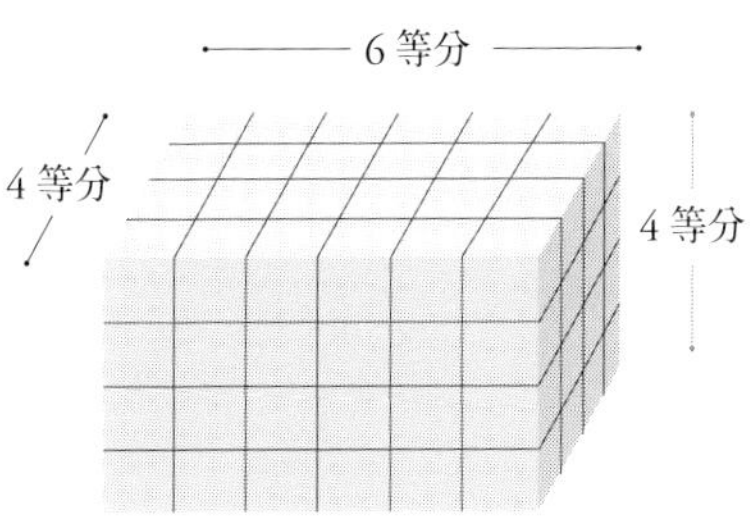

その他

作り方Q&A

?49

しっとりしたお菓子を焼くには、電気オーブンとガスオーブンのどちらが適していますか。

お菓子を焼くときはオーブンの下火を強くすることが大事ですが、家庭用のオーブンでは上下の火加減ができないのが通常です。ガスオーブンは水蒸気を発生させ、熱風を対流させて焼くので熱の回りがよく、電気オーブンと比べるなら、やはりガスオーブンのほうがいいでしょう。これから買い求める予定があれば参考にしてください。

50

電子レンジとオーブンが一体になったコンベクションを使っているのですが、特にフロールの生地を焼くとき、表面はよく焼けるのですが、下火が弱いのか底の部分がよく焼けないように思います。何か工夫はないでしょうか。

フロールの生地を焼くとき、付属の天板を差し込んだ上に、フロールの天板を重ねておくと、下からの熱で押し上げる力が足りません。そこで高さ4～5センチの脚のある金属製の網などをオーブンに入れ、その上にフロールの天板を置いて焼くと、上からの熱が下方にも回り、その熱によって生地が浮き上がって、内巻きフロールの理想の生地に近づけることができます。これは他のお菓子を焼くときにも有効な方法です。

51

家庭用の電気オーブンでお菓子を焼いていますが、どうしても奥のほうが先に焦げてしまい、特にフロールの生地を焼くと、表面が均一に焼けず、むらができてしまいます。全体を均一に焼くにはどうすればいいでしょうか。

フロールの生地は高温、短時間で焼くことで水分を残したスフレ生地ができます。オーブンの癖を知ったうえで、温度調整が必要なこともあります。家庭用のコンパクトなオーブンは1か所に集中的に強い熱が当たり、焦げやすくなることがあります。まず数分、表面に焼き色がつく程度に焼いた後で、オーブンの扉を開け、手早く反転させて数分焼くようにすると、平均に焼き色がつきます。何度か試して、オーブンの特徴をつかんでください。

52

いつでもお菓子が作れるように、泡立てバターを冷蔵庫に常備していますが、長く保存しておいても大丈夫でしょうか。

バターは比較的長期間の保存が可能ですが、泡立てることで空気中の細菌が入ります。常備する場合は500グラムほどの量を目安に冷蔵保存し、消費期限なども考慮し、できるだけ早く使いきるようにしてください。また、保存容器は常に清潔を保つようにしてください。

? 53

ナパージュをやわらかくするときは、鍋に入れて温めて使っていますが、すぐに膜が張り、乾燥してきてきれいに塗れません。いい方法はありますか。

マグカップに入れて使用することをおすすめします。マグカップに七分目ほどのナパージュを入れ、水大さじ1を加えてよくほぐします。そのまま電子レンジで2〜3分温めます。ふつふつ泡が出るくらいまで温め、常にはけで混ぜながら塗るときれいに仕上がります。

? 54

レモンのキャトルカールがお気に入りでよく作っています。上からかけるグラサージュの食感がとても気に入っています。レモン汁と水で溶き合わせたもの以外に、どのようなバリエーションがありますか。

グラサージュの食感とあの甘さは、ケーキやサブレをよりおいしくしてくれる「魔法のベール」のようですね。私もいつもあの食感に感動しています。粉糖に洋酒と水を合わせ、つやが出るまでよく練り混ぜて作りますが、バターの多いお菓子だけでなく、スポンジ生地にかけてもおいしくなります。

相性がよいのは、オレンジのケーキには「コアントロー＋水」、ラムレーズンのケーキには「ラム酒＋水」、りんごのケーキには「カルバドス＋水」などバリエーションはたくさん浮かんできますので、自由に楽しんでください。

55

クランブルの種類やアレンジを知りたいのですが、どの材料を基準に考えるといいのでしょうか。

基本は、アーモンドパウダー＋小麦粉＋砂糖＋バターを同量で混ぜ合わせて作ります。クランブルを焼くとさくさくした食感がタルトやケイクに変化を与え、おいしいお菓子に楽しさをプラスしてくれます。形を残す小麦粉やアーモンドパウダーの量を増やすと、形により変化が出て、おいしい素材のバターや

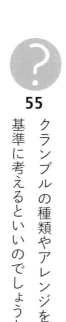

砂糖を増やせば、味にこくが出るでしょう。

また砂糖の種類を変えたり、粉末状のコーヒーやシナモンをプラスするなど、味とともに香りの変化も楽しんでみてください。

56

型抜きのサブレ(クッキー)を焼くと、中央が膨らんだまま焼き上がることがよくあります。パート・シュクレのようにフォークでピケしたほうがいいでしょうか。生地にピケの穴を残さず焼き上げたいのですが。


オーブンの中の熱により流れ出したバターが生地の底にたまったり、ベーキングシートを通して流れ出たバターが水蒸気を出すとき、生地を盛り上げてしまうのです。その意味でピケは効果的です。裏返してピケし、元に返して天板に並べて焼くと浮上りは和らぎます。

またメッシュタイプのシリコンパッドを使うと、とけたバターは生地の底にたまることなく、メッシュを通して外に流れ出し、平らに焼き上がります。

57

カップケーキを作るとき、生地を型に分けるのにスプーンやレードルを使うのと、絞り出し袋に入れて絞り出すのとでは、どちらがいいでしょうか。

パウンドケーキのように泡立てバターで作る生地は、しっかりまとまっているので、絞り出し袋に入れて絞り出すほうが、きれいにカップに入れることができるでしょう。

とかしバターで作るキャトルカールの生地は、流れ出すほどのゆるやかな生地になるので、その場合はスプーンやレードルで入れるようにしてください。

いずれにしても無理のない方法でいいと思います。

58

木の実を焼くときの注意と、焼いた後の木の実の保存方法を教えてください。

焼く前の木の実は真空パックや冷暗所での保存が可能ですが、焼いた後の木の実は劣化しやすくなります。使う分をそのつど焼いて香ばしさを味わってください。残ったときは冷凍保存で、できるだけ早く使いきるようにしましょう。

たくさんの木の実を準備するなら、多くの人がオーブンで焼くと思いますが、少量なら小さなフライパンやオーブントースターが便利。ただし、焦げないように注意してください。

59

焼き型は金属のほうがいいのでしょうか。シリコン製の型は手入れも簡単なのですが、どのような違いがあるのでしょうか。

焼き菓子の醍醐味は焦がし方にあると思います。焦げるということは、その部分の水分がほぼなくなった状態で焼き色がつき、同時においしい香りが出てきます。シリコン材の型は便利ですが、熱を遮断する作用もありますから、香り高いお菓子を作るには金属製の型で焼くことをおすすめします。

プチフールのような小さな焼き菓子を作るときは、表面からの熱で充分に焼けるので、シリコン製の型も便利ですね。

60

お菓子を作るとき、いつも緊張するのはなぜでしょうか。私だけでしょうか。

いいえ、皆さんそうだと思いますよ。初対面の人と会うとき、久しぶりに会うとき、特に緊張しますよね。それと同じことが起こるのではないでしょうか。

素材の特徴を知ることから始めて、素材の「かがく」と作るときの作法が身につけば、次にするべきことが自然と分かるので緊張も和らぎ、作ることを楽しめるようになるでしょう。ぜひ幸せなお菓子をたくさん作ってください！

あとがき

これまで得た知識を、いま一度整理し直す時期が来たのではないでしょうか。勉強して覚えた知識はしばらく左脳に置いて、お菓子を作っている自分の気持ちの向くまま、感じることを優先して右脳に記憶させてみてください。心地よさの中で、タイミングや色、香り……さまざまな気づきがあるのではないでしょうか。

今日から自分のわがままを大切にしてみましょう。人がこう言うから自分もそうでないといけないなんて考えずに、思いのままに生きてみる。自分を信じて、たくさんの経験をして、能動態で生きる。受け身になるほどつまらないことはない、と私は思います。いくら我慢しても内面は出てしまうもの。手作りのお菓子は正直で、きっとあなたが映し出されています。心の中がすっきり軽やかになれば、やっぱり人に対して優しくおいしい、幸せなお菓子が焼き上がるのです。

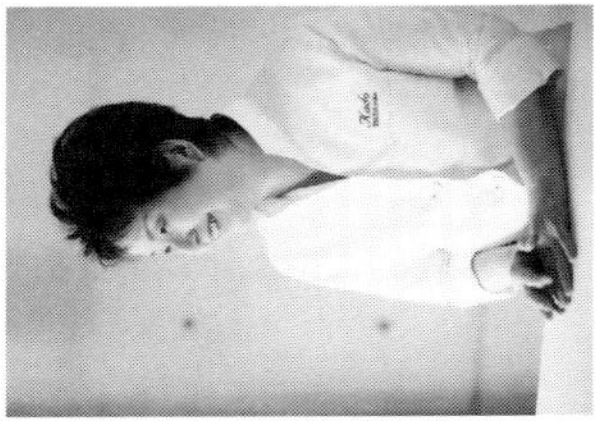

津田陽子 つだ・ようこ
京都生れ。1987年に渡仏し、お菓子作りを学ぶ。現在、菓道教室を京都と東京で主宰し、菓道家津田陽子として活動する。三越日本橋店カルチャーサロンで講演を行なう。ロールケーキ「フロール」をはじめ、シフォンケーキ、キャトルカール、タルトなど、ふんわり、しっとり、さっくり、焼きたての食感を大切にしたお菓子作りに多くのファンを集めている。著書に『さくさくクッキー』『ふんわりロールケーキ』『ふわふわシフォンケーキ』『ミディ・アプレミディのお菓子』『津田陽子のパウンドケーキ』(すべて文化出版局)、『タルト 私のとっておき』(リトルモア)、『津田陽子の100のおやつ』(柴田書店)、『だから、おいしい!』(文藝春秋)などがある。
http://tsudayoko.com

ブックデザイン　若山嘉代子
L'espace
撮影　下村亮人
校閲　山脇節子
文　柏木由紀
編集　成川加名予
浅井香織(文化出版局)

お菓子のかがく
ぐっとおいしくする、感じる力!

2019年2月11日　第1刷発行

著者　津田陽子
発行者　大沼 淳
発行所　学校法人文化学園 文化出版局
〒151-8524
東京都渋谷区代々木3-22-1
電話　03-3299-2565(編集)
03-3299-2540(営業)
印刷所　凸版印刷株式会社
製本所　大口製本印刷株式会社

文化出版局のホームページ　http://books.bunka.ac.jp/